社会人のための やり直し英語 バイブル

中学英語＋3つのコツでTOEIC®テスト650点

TOEIC is a registered trademark of Educational Testing Service(ETS).
This product is not endorsed or approved by ETS.

Kano Haruo
鹿野晴夫

あさ出版

「やり直し英語学習」のあなたに

「お父さんの仕事って、何?」

——こう聞かれると、困ってしまう。娘に何度か尋ねられて、説明を試みたことがあるが、理解してもらえない。

「企業とか学校に行って、英語のトレーニングの仕方を教える仕事だよ」「英語を教える先生ってこと?」「英語を教えるんじゃなくって、自分で英語力を伸ばす方法を教えるんだよ」「ウソ〜、そんなの仕事になるの?」

大学2年生の娘からすると、社会人が英語を学ぶイメージは、ネイティブスピーカーとの英会話らしい。確かに、企業内の英語研修と言えば、外国人講師が当たり前の時代もあった。

しかし、リーマンショック後の経費削減で激減した。こうした研修を引き続き行っている企業でも、受講できるのは、海外赴任前など緊急性が高い人に限られつつある。

もちろん、企業内での英語のニーズは低下していない。「社内英語公用語化」で注目を浴びた「楽天」「ユニクロ」より前から、自動車、電機メーカーの多くでは、「昇格昇進基準にTOEICスコア」を導入している。たとえば、「トヨタ自動車」は600点、「ソニー」は650点が昇格要件となっている。これは、係長や課長への昇格に際して、英語ミーティングの内容を通訳なしで理解できる英語力を求めているスコアだ。

この仕事を始めて12年。娘の心配をよそに、200社以上の

企業を訪問して、セミナーの受講者は10万人を超え、前述の「トヨタ自動車」「ソニー」では、どちらも累計3,000名以上の方にご受講いただいた。

こんなに受講対象者が多いと、一度にせいぜい10名しか受講できない外国人講師の会話研修（4ケ月〜6ケ月）を、全額会社負担で実施する企業が少数派となっていくのは、当然かもしれない。

前の仕事を辞めると決めて、親父に「英語の仕事を始める」と言ったら、「お前が英語の仕事をやるとは、恐れ入りましたね」と驚かれた。

確かに、英語は中学校から大の苦手科目で、大学受験でも二次試験に英語のない大学を選んだくらいなので、親父の反応はよく理解できた。自分でも学生時代には、中学校の教員だった親父への反発もあり、「英語の先生だけには、ならない」と思っていた。

初めての海外出張が、そんな私の転機になった。

当時29才、帰国して初受験したTOEICテストの結果は335点。「これは、まずい！」と感じていたところで、千田潤一先生の講演を聞き、英語のやる気に初めて火がつき、留学はもちろん、会話学校にも通わず自己学習のみで、1年で610点、2年3ケ月で760点、3年半で850点になった。

そして千田先生の紹介で、体験を綴った本を書くチャンスを得、本に思いをまとめながら、「学習トレーニングの理論を深める仕事がしたい」と強く感じた。

「そうだ！　千田先生の事務所で働こう！」

何とか説得に成功して、「英語トレーニングのICC」の講師となったが、不安は大きかった。当初は、TOEICスコアも900点に届かず、留学経験があるわけでもなく、大学も工学部卒。こんなレベルでは、英語のプロとしては通用しない。

　でも、「英語が苦手だったこと」が英語の学び方を教えるプロとしての強みとなり、以前の自分と同じような「英語で苦しんでいる人」に共感できることが、プロとしての深みにつながった。

　TOEICスコアを昇格昇進要件にしている企業には優秀な人が多いから、600点や650点は楽勝なのだろうと考える人もいるかもしれないが、現実は厳しい。

　社内で実施のTOEIC IPテストで、650点以上を取得しているのは、全体の20％未満に過ぎない（2011年度）。優秀な人材が、学校卒業後に英語で苦しめられている。日本の学校教育はグローバル化する社会の要請に、応えきれていない。

　しかし、650点を突破するのは、それほど難しいことなのだろうか？　そんなことはない。

　中学英語の基礎があれば、英語トレーニング（3つのコツ）の実践で、650点は突破できる。

　この12年間、企業内での研修だけでなく、英語トレーニングのための教材や、いつでもトレーナーの指導が受けられるスクールを作り、営々と検証してきた結果だ。本書を手にされたあなたにも、多くの受講者と同じ感動を味わって欲しい。

　そもそも英語の苦手意識は、どこからくるのだろうか？

　多少違うとは言っても、同じ人間が話す言葉なのだから、日本語を操れる能力があれば、英語だって操れる。問題は、能力

を開花させるためのトレーニング方法を知らないか、方法が根本的に間違っているだけだ。本書で正しい方法を知り、苦手意識を希望に変えて欲しい。

　本書は、私が書いた英語関連書の50点目（共著含む）にあたる。これまでの成果を1冊の本に凝縮することで、お世話になっている方々への感謝としたい。

　体験談をお寄せいただいた7人の生徒さん、出会った18年前と同じエネルギーを放つ千田先生、学習者目線を大事にする「英語トレーニングのICC」の講師・スタッフの皆さん、出版にご尽力いただいた「あさ出版」の皆さん、ステキなイラストを描いていただいた高田真弓さん、本当にありがとうございます。

本書を手にした学生の皆さんへ

　企業内でのセミナー、特に新人研修で、「この話を学生時代に聞きたかった」という感想をよく耳にする。だから、大学や高校での講演の機会には、学生向けの話でなく、あえて社会人と同じ話をする。本書も、あえて社会人向けに書いた。社会人にできることが、脳も体も若く、時間も比較的ある皆さんにできないはずがない。社会人になってから、英語学習に悪戦苦闘するのではなく、今から始めて欲しい。そして、英語を武器に、世界で活躍できる人材を目指して欲しい。

鹿野晴夫

まえがき 「やり直し英語学習」のあなたに　2

第1章
やり直し英語学習「7つの落とし穴」

ここがうまくいかない「やり直し英語学習」 10
1 問題集を解くほど、苦手意識が増していく　12
2 単語の暗記を始めるが、覚えられない　16
3 毎日英語を聞こうとすると、寝てしまう　20
4 英会話、聞いているだけで話してない　24
5 学習者向けの洋書、単語は易しいが読めない　28
6 英英辞書、説明の英語がわからない　32
7 短期間で伸びた人と比べて、惨めになる　36
第1章のポイント　40

第2章
「中学英語＋3つのコツ」が飛躍の鍵

こうすればうまくいく「やり直し英語学習」 42
1 中学英語からのスタートで、大丈夫　44
2 文法のやり直しをしなくても、大丈夫　48
3 トレーニングのコツ1「音を絵にする」　52
4 トレーニングのコツ2「表現をリズムにする」　56
5 トレーニングのコツ3「スピードを映像にする」　60
6 トレーニングで、語彙力も文法力も身につく　64
7 トレーニングで、忘れない脳を作る　68
第2章のポイント　72

第3章
今日から始める「英語トレーニング」

まずは体験してみよう「英語トレーニング」 74
1 リスニングチェック　76
2 基本構文の音読　80
3 基本構文の音読筆写　84
4 表現集作り　88
5 速読チェック　92
6 サイトラ　96
7 速音読　100
第3章のポイント　104

第4章
「学習バランスとペース」が継続の鍵

これなら続けられる「英語トレーニング」 106
1 目標達成のルートマップを描く　108
2 学習バランスを重視する　112
3 平日のライフスタイルを改造する　116
4 休日のイベントを企画する　120
5 学習ペースを作る　124
6 四半期ごとに計画する　128
7 プロセスを楽しむ　132
第4章のポイント　136

第5章
7人7色に輝く「英語トレーニング」

「英語トレーニング」なら、誰でも輝ける　138
1　英語ができない私にもできました　140
2　理系の私も学習法に納得できました　144
3　体育会系の私にも合った学習法でした　148
4　英会話で伸びなかった私も伸びました　152
5　話せるようになりたい自分に合った学習法でした　156
6　仕事が忙しい自分にも継続できました　160
7　本業の勉強が必要な私にも継続できました　164
　第5章のポイント　168

　あとがき　「やり直し英語学習」3つの質問　169
巻末付録「英語トレーニング」目標計画シート　172

本文イラスト／高田真弓

本文デザイン／あさ出版　制作課

やり直し英語学習 「7つの落とし穴」

ここがうまくいかない「やり直し英語学習」

　社会人になって英語学習を始めると、失敗する人が圧倒的に多いのはどうしてなのだろう？
——答えは、簡単。「学生時代と同じように勉強をしようとするから」だ。

　社会人は、勉強が本業の学生とは違う。仕事でぐったりした体にムチ打って、英語学習をする。英語が得意ならまだしも、英語が苦手なら、本当に毎日が拷問だ。
　昔取った杵柄も、やり直し英語学習には通用しない。
　学生時代ほど記憶力も良くなければ、長時間の学習を続ける気力も体力もない。仕事の成績も上げなければいけないし、同僚との付き合いもあるし、家族サービスだってある。
　まして、海外留学できるような長期の休みが取れるわけでもないし、先立つものもない。

　この章では、やり直し英語学習を始める人の多くが経験する「落とし穴」を紹介する。残念ながら以前にこの穴に落ちてしまったという人も、「ガッハッハッ」と他人事のように笑い飛ばそう。誰にも失敗はある。大事なことは、失敗に気づいたらすぐに軌道修正することだ。明るい未来を手に入れれば、過去の失敗だって、笑い話にできる。

第1章 やり直し英語学習「7つの落とし穴」

1 問題集を解くほど、苦手意識が増していく

　TOEICテスト受験を意識して英語学習を始めると、ほとんどの人が、まず「TOEICテスト問題集」を購入する。受験前に、入試問題集で勉強したのと同じだ。

　もちろん、どういった問題が出題されるのかを確認し、実際に問題を解いてウオーミングアップしておかないと、実力が発揮できない。だから、問題集を買うところまでは、間違っていない。TOEICテスト未受験の人は、まず問題集を購入しよう。

　ちなみに、問題のクオリティーが一番良いのは、テスト開発機関が作成した問題を掲載した『TOEICテスト新公式問題集』（財団法人 国際ビジネスコミュニケーション協会）である。

　公式問題集だから、本番のテストと完全に同形式の問題が掲載されている。本のサイズも本番の問題用紙と同じA4判なので、持ち運びには向かないが、自宅でのウオーミングアップ用としては最適。もちろん、日本で一番売れているTOEICテスト問題集だ。仮に、この問題集で学習すると、Part1〜Part7に分かれたTOEICテストの問題形式を、まずサンプル問題（28問）を解いて確認することになる。サンプルといえども本番と同じだから、手加減は微塵もない。Part 3、4で挫折して、それ以降の問題を解く元気がなくなるのが普通だ。

　それでも何とか気を取り直し、サンプル問題を解き終えると、本番と同じ200問の問題が2セット（計400問）待っている。

　ここからは、さらに辛い。本来、ウオーミングアップであれば、本番のテストと同じく2時間集中して200問を解くべき

やり直し英語学習日記①

〇月 × 日、
ついに、昇格要件にTOEIC 650点が加わった。これは、ヤバイ。とりあえず、問題集を買ってきた。パラパラ眺めてみたが、難しくて熱が出てきた。今夜は無理せず寝よう。

〇月 × 日、
あれから1週間。ようやく問題集を取り出して、解いてみる。リスニング問題であっさり撃沈して、リーディング問題はパス。う〜、とりあえず飲んで忘れよう。

だが、とても気力が続かないので、数問ずつ解いて、答え合わせに一喜一憂する。Part 1（10問）、Part 2（30問）はともかく、Part 3（30問）、Part 4（30問）は、難しすぎて目が点になり、**問題を解くほど苦手意識が増していく。やがて、問題集を開くのが嫌になる。** これが、「落とし穴」だ。

では、どうすべきか？　まずは、「全パートに同じ比重をかけない」ことだ。各パートの正答率目標は、目標スコアによって異なる（[表1]）。600点以上を取るには、Part 1、2、5、7Sが重点となる。ちなみに、Part 3、4、7Wで70％以上の正答が必要となるのは、800点以上。800点以上の力を測る問題がメインのパートに真剣に取り組むのは、600点を超えてからでいい。

もちろん、真剣に取り組まないまでも、本番前にはウオーミングアップが必要だ。その際にも、正答率目標が役立つ。

たとえば、600点の目標スコアで、Part 3、4の正答率目標は、どちらも50％。Part 3では会話を、Part 4ではアナウンスなどを聞き、問題用紙に印刷された3つの設問に答える。設問は、いずれもA〜Dの四択だから、適当にマークしても25％の確率で正答する。

実は、Part 3、4では、3つの設問のうち1問を実力で解くことを目指し、あとは適当にマークするだけで、平均50％の正答率を達成できる（実力で解いた1問＋適当マーク2問×25％＝1.5問正答）。だから、ウオーミングアップで解く際も、「1問解ければいい」という気持ちで気楽にやろう。同様にPart 7Wでは、5つの設問のうち1問か2問を実力で解くことを目指すだけでいいから、苦手意識に打ちのめされる必要などない。

表1 TOEICパート別正答率目標

目標スコア	400点	500点	600点	700点	800点	900点
Part 1（10問）写真描写問題	60%	75%	80%	85%	95%	95%
	6問	8問	8問	9問	10問	10問
Part 2（30問）応答問題	50%	60%	70%	80%	87%	97%
	15問	18問	21問	24問	26問	29問
Part 3（30問）会話問題	33%	40%	50%	60%	70%	87%
	10問	12問	15問	18問	21問	26問
Part 4（30問）説明文問題	35%	40%	50%	55%	65%	80%
	11問	12問	15問	17問	20問	24問
Part 5（40問）短文穴埋め問題	53%	63%	73%	80%	85%	93%
	21問	25問	29問	32問	34問	37問
Part 6（12問）長文穴埋め問題	50%	55%	65%	75%	80%	90%
	6問	7問	8問	9問	10問	11問
Part 7S（28問）読解問題 シングルP	50%	60%	70%	83%	90%	95%
	14問	17問	20問	23問	25問	27問
Part 7W（20問）読解問題 ダブルP	25%	35%	45%	60%	75%	90%
	5問	7問	9問	12問	15問	18問

※Part 7（読解問題）のうち、英文1つを読んで設問に答える問題（シングルパッセージ）を7S、英文2つを読んで設問に答える問題（ダブルパッセージ）を7Wと表記。

TOEICテスト新公式問題集Vol.1～4
発行:財団法人 国際ビジネスコミュニケーション協会
定価:2,800+税

2 単語の暗記を始めるが、覚えられない

「TOEICテスト問題集」を解いていくと、語彙力の不足が気になり始める。

リスニング問題を終えリーディング問題に進むと、知らない単語が加速度的に増える。これは、話し言葉より、書き言葉のほうが、難しい語彙が使われるためだ。

また、リスニングでは、スピードについていくことに意識が向いていたのが、リーディングでは自分のペースで読める分、わからないことに意識が向いてしまうため、とことん気になる。

ここで頭に浮かぶのが、「単語集」だ。語彙力を上げたかったら「単語集」か、自前の「単語帳」で暗記する。誰もが疑わない、鉄板の英語勉強法だ。

書店でも、TOEICテストのコーナーには、「問題集」「単語集」「文法書」が三種の神器のように並んでいる。〝出る順〟〝必須〟〝攻略〟〝パーフェクト〟と、タイトルも魅力的だ。これは、買わずにはいられない。

しかし、いざ暗記を始めようとすると、あることに気づく。**「さっぱり暗記できない」**——学生時代に、単語の暗記が非常に得意だったという人や、TVに登場するような独自の記憶術を身につけているツワモノは別として、英語をやり直し始めた普通の人が、いきなり英単語を暗記するのは至難の業だ。

単語のスペリングに目がチカチカするうえに、発音はナンチャッテ。集中力は、3分ともたない。 これが、「落とし穴」だ。

やり直し英語学習日記②

○月×日、
ようやく問題集がリーディングに進んだ。トホホ、知らない単語が多すぎて、さっぱり意味がわからん。やはり英語力は、語彙力か。仕方がない、単語集を買おう。

○月×日、
単語集を買った。隣の乗客の視線を感じながら、電車の中で暗記にトライ。3分で眠くなってきた。単語テストに苦しんでいた中・高時代を思い出し、かなりブルー。

では、どうすべきか？　まずは、「単語を覚える」という発想を捨てよう。「単語は、思い出せばいい」

高校を卒業した人は、少なくとも文部科学省が定めた指導要領に掲載の必修単語 ([表2]) を習っている。高校1年生までの約1,500語を思い出せれば、600点前後のスコアが取れる。さらに、高校3年生までの約3,000語なら、TOEICテストの95％をカバー（出現率）しているから、860点以上取れる ([表3])。

では、どうやって思い出すか？　前提として、中学・高校で6年間かけて習ったものを思い出すのは、一度も習ったことのないものを覚えるより、かかるエネルギーが少ない。

毎週のように行われた単語テストや、中間・期末テスト前の一夜漬け、あるいは受験勉強で多少なりとも単語を暗記しようと努力したことは、無駄ではない。脳のどこかに、その情報が残っている。その情報を取り出そう。

任天堂の「脳を鍛える大人のDSトレーニング」を監修したことでも知られる脳機能の専門家、東北大学の川島隆太教授には、「英語トレーニング」の本を4冊監修していただいた。

川島先生いわく、「忘れるというのは意識の上に引っ張り出せないというだけのことだ。脳は優秀で、一度見聞きしたものは忘れない。それは脳のどこかに格納されている」そうである。

では、格納されている情報を取り出す、つまり「思い出す」にはどうしたら良いのか？　そのための方法が、第2章で説明する「英語トレーニング」という名の「脳トレ」だ。私自身、335点からの「やり直し英語学習」で、一度も単語の暗記を行わずに、900点を超えた。単語は暗記しなくていい、思い出せるように、脳をトレーニングするだけで充分だ。

表2　学校で習った必修単語

生まれた年	中学校 語数	高校 科目（語数）	高校計	中学+高校 語数
1946年～1959年	1,100～1,300	英語A（1,500）	1,500～3,600	2,600～4,900
		英語B（3,600）		
1960年～1968年	950～1,100	英語A（1,200～1,500）	2,400～3,600	3,350～4,700
		英語B（1,200～2,100）		
1969年～1980年	900～1,050	英語I（400～500）	1,400～1,900	2,300～2,950
		英語II（600～700）		
		英語IIB（400～700）		
1981年～1989年	1,000	英語I（500）	1,400～1,900	2,400～2,900
		英語II（500）		
		リーディング（900）		
1990年～1999年	900	英語I（400）	1,300～1,800	2,200～2,700
		英語II（500）		
		リーディング（900）		

※文部科学省「学習指導要領」より作成。「生まれた年」は、施行年度から推定。

表3　学校で習った単語で取れるTOEICスコア

	単語数	可能スコア
高校3年生　までに習った単語	約3,000語	860点
高校2年生　までに習った単語	約2,000語	730点
高校1年生　までに習った単語	約1,500語	600点
中学校3年生　までに習った単語	約1,000語	470点

3 毎日英語を聞こうとすると、寝てしまう

　気合を入れて、「問題集」「単語集」を購入したが、遅々としてページが進まない日々が続くと、「せめて通勤時間を活用できないか」と考え始めるのが人の常だ。

　TOEICテストも、200問のうちリスニングが半分の100問だから、普段から英語を聞いておいたほうがいいに決まっている。聞くだけで効果があるのか多少の疑問は感じるが、TVでも、ラジオでも、雑誌でも、あの有名人だって、「聞き流している」。

「聞き流す学習」は魅力的だ。専用の教材でなくとも、問題集のCDでも、単語集のCDでも、無料で提供されているポッドキャストの番組でも、携帯プレーヤー（MP3プレーヤー）にダウンロードすれば準備完了。満員電車の中でも、歩きながらでも、どこでも学習できる。

　こんなに便利なら、日本中の会社員は、耳にイヤホンをして通勤しているはず……。しかし、通勤電車の中を見渡すと、そうでもない。

　人間は、集中できないと眠くなる。テストに挑むつもりで聞くならまだしも、仕事で疲れた通勤途中に、チンプンカンプンな英語を耳に入れれば、最高の子守唄になる。

　もちろん、「こんなことでは、イカン」と思い、必死に聞こうとするのだが、相手は強敵だ。ラクに聞き流すはずが、いつの間にか「睡魔との闘い」になっている。そして、**挫折感とは裏腹に、心地よい眠りに落ちていく。** これが、「落とし穴」だ。

やり直し英語学習日記③

○月 × 日、
問題集も単語集も、辛すぎる。このままでは、挫折が近い。もっとラクな方法はないものか？ やはり、最近CMでよく見るあれか……。聞き流しくらいなら、できる。

○月 × 日、
聞き流しを始めた。本当に、英語が耳から流れていく。どんどん流れていく。ついでに、意識も流れていく。聞き流しの睡眠学習でも、効果あるのかな……。

では、どうすべきか？　まずは、「耳だけで学習できる」という幻想を捨てよう。そもそも英語は、文字通りには発音されていない。ナチュラルスピードの英語は音が変化する（[表4]）。この変化（**音法**）に慣れないと、正しく英文をとらえられない。「やり直し英語学習」は、学校英語を思い出すことから始まる（P.18）。学校英語の多くは、文字で覚えた英語だ。だから、音が変化している英文をいきなり聞いても、認識できない。だから眠くなる。

　What time is it now？の代わりに、「掘ったイモ、いじるな」と言っても通じるというのを聞いたことがあるだろうか？ 単なる笑い話ではなく、実際に通じる。その理由は、ネイティブスピーカーが「ワット、タイム、イズ、イット、ナウ？」ではなく、「ワッタイム、イズイッナウ？」と話しているから。それが、「ほったいも、いじるな」に似ているのだ（[表5]）。

　ここまで極端でなくとも、問題集を解いて、**「聞いたときにはさっぱりわからなかったが、英文を見たら、すごく簡単な英文だった」**ということは、よくある。

　600点以上のスコア獲得の重点となるPart1、Part2には、難しい単語はほとんどない。重要なのは「音法」に慣れることだ。音法に慣れることで、英文を正しく捉えられるようになり、学校英語を思い出し、聞き取れるようになる。

　そのためのトレーニング法は第3章で詳しく説明するが、一度トレーニングを行った英文を移動中に聞くようにすれば、スッキリ、ハッキリ、聞き取れて、通勤電車の中でも眠くならない。言葉遊びではないが、「聞き流し」ではダメで、軽く流しても聞こえる「流し聞き」で、記憶に定着させることが大事なのだ。

表4　音法（おんぽう）の基本ルール

①子音と母音で、音がくっつく

前の単語の最後が子音、次の単語の最初が母音で、ローマ字読みのようになる。

an apple
アナップル

This is a pen.
ディスィザペン

②子音と子音で、前の音が消える

前の単語の最後が子音、次の単語の最初も子音で、前の単語の子音が消える。

used to
ユーストゥ

get there
ゲッゼア

③濁ったり、濁りが取れたりする

※ the apple の the「ザ」が「ジ」に変化するのを含む。

What a day.（t→d）
ワァダァデイ

have to（v→f）
ハフトゥ

母音は、日本語の「ア、イ、ウ、エ、オ」に近い音。子音は、それ以外の音。ただし、表記（a,i,u,e,o）ではなく、実際の音で判断する。たとえば、one「わん」は、子音始まり。MBA「エムビーエー」は、母音始まり。なお、音の変化は、「同じ組み合わせだと、絶対に起こる」わけではない。たとえば、about it は、「アバウトイット」（変化なし）、「アバウティット」（ルール①）、「アバウディット」（ルール③）の読み方がある。

表5　「掘ったイモいじるな」の秘密

What time is it now?
ワッタイム、イズィナゥ？
（掘ったイモ、いじるな）

4 英会話、聞いているだけで話してない

「問題集」「単語集」「聞き流し」など、教材を使った学習での連敗が続くと、対極の行動を取る人も多い。

「やっぱり、話せないと楽しくない」——企業が TOEIC テストを採用しているのは、英語で仕事ができる社員を増やすことが目的だから、当然スピーキング力も上げるべきだ。

週 1 回程度で話せるようになるのか、多少の不安がよぎるが、帰国子女や留学経験のある同僚はみんな「とにかく話すのが一番だ」と言っている。**思い切って、体験レッスンを受けてみる。**

やはり「英会話」は楽しい。何といってもネイティブスピーカーが話しかけてくれる。プライベートレッスンなら、他の日本人のヘタな英語（失礼！）を聞く必要もなく、先生を独り占めして、思う存分話せるという。そんなに話せるなら、きっとペラペラになれるはず……。しかし、あれから半年。**ペラペラどころか、ほとんど変化がない**ような……。

話せる人は、話すことでさらに伸びる。

しかし、600 点未満の人は、そもそも先生の質問が満足に聞き取れない。何とか聞き取れても、Yes ／ No や単語での応答がほとんど。結局、まともに話しているのはネイティブスピーカーの先生だけ。その英語を聞くのは、「英会話」レッスンではなく、「リスニング」レッスンだ。

リスニングなら、わざわざ通学しなくても、教材で学習できる。**これが、「落とし穴」だ。**

やり直し英語学習日記④

〇月 × 日、
自分では勉強できないので、妻を説得し、大枚をはたいて英会話スクール通いを始めた。今日は、初めてのレッスン。おおっ、何か楽しい。イケる。今度こそ、イケる気がする〜。

〇月 × 日、
あれから1ケ月。「いっぱいしゃべれる」はずだったけど、ネイティブの先生の話を「いっぱい聞いているだけ」かも。しかも、半分も理解できてないし。ガクッ、前途多難。

「では、どうすべきか？」　まずは、「会話すれば、話せるようになる」という錯覚を正そう。次頁の[表6]を見て欲しい。

これは「母国語の4技能習得の順序」をまとめたものだ。どこの国の子どもでも、2才で聞き始める（①）。3才で、聞こえた音を真似して話し始める（②）。4才で、絵本を声に出して読み始める（③）。そして、5才で、自分の名前から書き始める（④）。

リスニングの大きな円の中に、スピーキングの小さな円が入っているのは、「聞けるようになったものの一部が、話せるようになる」ことを指している。だから、話せるようになるためには、「聞き取れる英語を増やすこと」が不可欠だ。聞き取れる英語を増やしていけば、話せる英語も増えていく。同様に、読める英語を増やしていけば、書ける英語も増えていく。

[表7]は、リスニングとリーディングの問題で構成されたTOEICテストと、TOEICスピーキングテストの比較だ。

この表からわかるように、「複雑な説明」「意見交換」など、実際にネイティブスピーカーを相手にした会話レッスンの効果が高くなるのは、730点以上だ。これ以下だと聞き取れないことが多すぎて、あまり練習にならない。

では、730点未満の人は、どうやってスピーキング力を上げるのか？　それには、聞き取れる英語を増やす（＝リスニング力アップ）のと同時に、話せる英語を増やしてやればいい（＝スピーキング力アップ）。詳しくは第2章で説明するが、リスニングとスピーキングだけでなく、4技能すべてを同時に伸ばすことが可能だ。

母国語の4技能習得の原理を応用すれば、それほど難しいことじゃない。

表6　母国語の4技能習得の順序

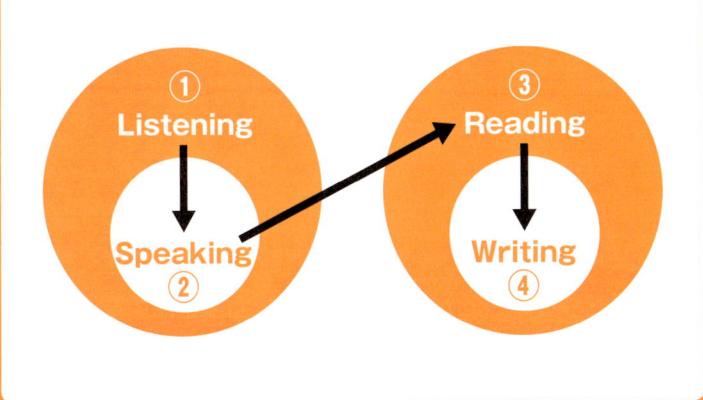

表7　TOEICスコアとスピーキング力

TOEIC テスト スコア	TOEIC スピーキングテスト スコア	レベル	Can Do（できることの例）
950	170	7	●プレゼン、スピーチ、ディスカッションができる。
900	160		●苦情を処理することができる。
860	150	6	●自分の職務や、作業の手順などを説明できる。
800	140		●自分の意見を、意見を異にする人に説明できる。
730	130		●トラブルを係員に説明し、対処を求めることができる。
650	120	5	●適切な挨拶、自己紹介、道順の説明ができる。
600	110		●電話対応や、電話での問い合わせができる。
470	100	4	●来訪者に、場所の説明などの案内ができる。 ●レストランなどでメニューを見ながら注文ができる。

5 学習者向けの洋書、単語は易しいが読めない

「リスニング」も「スピーキング」もダメとなると、残っているのは「リーディング」と「ライティング」。

ハードルの低さでは、やはり「リーディング」に軍配が上がる。TOEIC テストのリーディング問題は、かなり速く読めないと問題をやり残してしまうから、速読力強化は重要だ。高校時代も苦労したリーディングだが、あれだけ苦しんだのだから、少しは身についているはず。

速読力を伸ばすには、まず何を読むかを決める必要がある。もちろん、問題集のリーディング問題に取り組んでも構わないのだが、いかにも勉強しているように見えて、通勤電車で取り組むのは勇気がいるし、「英字新聞」か「洋書」のほうが、スマートで社会人らしい気がする。

「英字新聞」「洋書」ともに、ネイティブスピーカー向けのものだけでなく、学習者向けのものがある。600 点未満の人に向いているのは「学習者向けの洋書」だ。

「学習者向け英字新聞」も写真があったり、日本人が知っている記事を選んでいたり、注釈をつけたりと工夫されているのだが、もともとネイティブスピーカー向けの記事だから、語彙が難しい。

一方、「学習者向け洋書」は 200 語レベルで書かれたものからあり、物語、科学、生物、地理、歴史、伝記、ミステリーなど、さまざまなジャンルから興味にあわせて選べる。

やり直し英語学習日記⑤

〇月×日、
本屋で、学習者向けの洋書を発見。パラパラ見てみる。易しい単語が、目に優しい。これなら電車で読めるし、リーディングスコアが伸びるかも。というわけで、即購入。

〇月×日、
さっそく通勤電車で読み始めたが、3ページ目で、早くも話の筋を見失う。登場人物が多すぎるぜ。く〜っ。せめて隣の乗客が席を立つまで、読めてるフリをしておこう。

現在、日本で一番入手しやすい「学習者向け洋書」はペンギンリーダーズだ。大きな書店には必ずあるし、蔵書している図書館もある。難易度は、200語レベルから、3,000語までの7段階に分かれている（[表8]）。

　たとえば、真ん中の「レベル3」の語彙レベルは1,200語。高校1年生の1学期までに習う単語数に近い。パラパラとめくって語彙を確認しても、わからない単語はそれほど多くないはずだ。しかし、「これなら、読めそうだ」と読み始めると、ショックを受ける。単語が易しいから、何とか読めるのだが、とても日本語のようにスラスラ読めない。

　ジャンルによっても違うが、登場人物の多い話は特に辛い。話の筋が、わからなくなる。話の筋がわからないと、読むのが苦痛だ。**辛くて読むのを途中で止めるか、がんばって最後まで目を通すか。最後まで読んだとしても、何も頭に残っていない。**

　これが、「落とし穴」だ。

　600点未満の人は、英文を語順通りに理解する「直読直解」ができていない。できていないから、速く読めない。速く読めないから、リーディング問題を大量に読み残す。だから、600点に届かない。現状では、ひとつひとつの単語の意味を考えて、頭の中で日本語の語順に戻して理解する「解読」（戻り訳）をしている。日本語の語順に戻すには手間がかかる、手間がかかるから話の筋を見失ってしまう（[表9]）。

　「解読」から「直読直解」へ読み方を変える方法は、第2章で詳しく説明する。==直読直解のトレーニングとあわせて、自分のレベルに合った「学習者向け洋書」を多読することで、速読力がつく。==直読直解のトレーニングだけでは量が不足するし、がむしゃらに多読するだけでは伸びにくい。

表8 ペンギンリーダーズ

レベル	語彙レベル	TOEICスコア	
		著者のおすすめ	出版社のおすすめ
Easystarts	200語	〜350点	250点
1	300語	〜470点	250点
2	600語	〜600点	350点
3	1,200語	〜730点	400点
4	1,700語	〜860点	500点
5	2,300語	〜900点	600点
6	3,000語	900点〜	730点

※「出版社のおすすめ」は、ピアソン・ロングマンのサイトより。「著者のおすすめ」は、速読の練習（直読直解）という視点でのレベル分け（スピードを上げて読むには、語彙レベルが低いほうが良い）。

表9 解読と直読直解

①解読（戻り訳）

This is a book I bought yesterday.

これは 私が 昨日 買った （1冊の）本 です。

②直読直解（速読）

This is a book I bought yesterday.

これは（1冊の）本です　私が買った　昨日。

第1章　やり直し英語学習「7つの落とし穴」

6 英英辞書、説明の英語がわからない

　易しい単語で書かれた英文ですら、いちいち訳してしまい、スラスラ読めないと、気になり始めるのが「英英辞書」だ。

　英語を英語のまま理解できれば、訳す必要はない。そこで、英語の語義を易しい英語で説明した「英英辞書」を使うようにすれば、英語のまま理解できるようになる。完璧なリクツだ。これで「英語脳」の完成も近い。

　英英辞書にも、ネイティブスピーカー向けのものと、学習者向けのものがある（[表10]）。「学習者向けの英英辞書」には、語義を何語の単語で説明しているかという「定義語」がある。定義語が一番易しいのはロングマンの英英辞書で、2,000語で書かれている。つまり、高校2年生までに習う単語を完全に知っていればスラスラ理解できるわけだが、これには、TOEICテストで730点以上の実力が必要だ（P.19）。

　日本で売れている「学習者向けの英英辞書」の中で、定義語が難しいのはオックスフォードの英英辞書で、3,000語で書かれている。こちらは、高校3年生までに習う単語を完全に知っていればスラスラ理解できるわけだが、これには、TOEICテストで860点以上の実力が必要だ（P.19）。

　いずれにしても、**730点未満の実力では、調べた単語の説明の中にわからない単語を発見することが多い。**

　辞書を引くたびに、気持ちが引いてしまう。

　これが、「落とし穴」だ。

やり直し英語学習日記⑥

○月 × 日、
易しい英語でも理解できないのは、英語ができる同僚に言わせると、「英語を英語で考えていないから」らしい。これを使えと、英英辞書をくれた。ラッキー。

○月 × 日、
英英辞書を引いたら、説明の英文の中にわからない単語がある。仕方がないから、その単語も引く。その説明の中にもわからない単語が。あれ、何を調べてたんだっけ？

> では、どうすべきか？

まずは、「日本語を使わずに、英語を英語のまま理解」するという理想論を捨てよう。この理想論では、「日本語訳」を見ることは厳禁だ。さらに、「英語のレッスンはすべて英語で」ということになる。しかし、All Englishのレッスンには730点以上の実力が必要だから、多くの社会人はもちろん、学生にも無理だ（[表11]）。

そもそも、この理想論はどこから生まれたのだろう？

外国語ができないネイティブスピーカーが、外国人に英語を教えるための方法（ダイレクトメソッド）がその原点だ。

たとえば、appleが「りんご」であることを、日本語を使わずに教えるにはどうするか？「りんご」の実物を見せるか、写真や絵を見せてappleと言うか、書くことになる。ただ、**この方法は身近なものを教える場合はともかく**、「confidence（自信）」など**抽象的な概念を教えるには不向き**だ。

「自信」を写真や絵にするのは難しいから、英英辞書の解説のように、The feeling or belief that you can have faith in or rely on someone or something. といった説明になる。

ひと言、「自信」と日本語で言えばいいことに、時間がかかる。教えているほうも、教わっているほうも、まどろっこしい。

その結果、スッキリと意味がわかれば苦労も報われるが、完全には理解できずに終わることがほとんどだ。理解できなければ、何の意味もない。だから、最初から無理に英語で理解しなくても、次から英語のまま理解できるようになればいい。

知らない単語が出てきたら、辞書は引かずに、日本語訳を見よう。そのうえで、英語のまま理解できるようにトレーニングで定着させるのが得策だ（[表12]）。詳しい方法は、第2章で説明する。

表10　学習者向け英英辞書

出版社	代表的な学習者向け辞書	定義語
Longman	ロングマン現代英英辞典	2,000語
Collins	コウビルド英英辞典	2,500語
Macmillan	マクミラン英英辞典	2,500語
Oxford	オックスフォード現代英英辞典	3,000語

表11　TOEICスコア（平均）

学年	スコア	学年	スコア
高校1年生	385点	大学2年生	442点
高校2年生	396点	大学3年生	487点
高校3年生	402点	大学4年生	509点
大学1年生	419点	社会人	480点

※学校・企業・団体内で実施のTOEIC IPテストの結果（2011年）。TOEICテスト DATA & ANALYSIS 2010（財団法人 国際ビジネスコミュニケーション協会）より。

表12　ダイレクトメソッドと英語トレーニング

①ダイレクトメソッド（理解に時間がかかる）

英語　➡　英語の説明　➡　理解

②英語トレーニング（定着に時間をかける）

英語　➡　日本語訳　➡　トレーニング

7 短期間で伸びた人と比べて、惨めになる

　英語学習にもがいていると、他人の伸びが気になるものだ。特に、自分のスコアは変わらないのに、知人はアップしたとなれば、ショックは大きい。「自分には才能がない」と思う。

　しかし、「能力」を云々する前に、比較すべきは「努力」の差だ。そこで、「どれくらい、勉強したの？」と聞いてみても、「すごく勉強した」と自慢する人は少ない。英語学習に限らず、陰の努力を美徳とする日本人が多い。

　だから、**「いやあ、少しだけですよ〜」といった答を、真に受けてはいけない。**「少し」が「毎日3時間」かもしれない。

　もし、ホントに「少し」だとすれば、1回目は問題形式に慣れていなかったのかもしれない。こうした人が少し問題集を解くなどして形式に慣れると、2回目は100点以上スコアアップすることがある。もちろん、実力がアップしたわけではなく、1回目のスコアが実力より低かっただけだ。

　つまり、後者のケースは「錯覚のスコアアップ」（[表13]）といえる。本人は、それでやる気になって、真剣に学習に取り組むようになることもあるから、まだいい。だが、伸びた人と比較され、「君は、努力が足りない」と上司から言われたりしようものなら、何とも惨めだ。

　真面目に努力するのが空しくなり、心が折れそうになる。あるいは、**魔法のような効果をうたう教材に、心が揺れてしまう。**

　`これが、「落とし穴」だ。`

やり直し英語学習日記⑦

○月 × 日、
社内で受けた TOEIC IP テストの結果が返ってきた。オーマイガッ。伸びてないどころか、20点下がっている。みんなはどうなんだろう？　くーっ、気になる。

○月 × 日、
「同じ課のAは、100点伸びたぞ」と課長に言われた。ひゅるる〜。前回のスコアは、俺より下だったはず。なぜだ〜っ。何か、すごい教材を手に入れたのか……。

> では、どうすべきか？

まずは他人と「伸びの速さ」を比較するのを止め、「スコアアップの必要時間」と、自分の学習時間を比較しよう。

[表14] は、企業内での語学研修の前後のTOEICスコア（2,000サンプル）から得られた「スコアアップの必要時間」だ。自分の学習時間が必要時間に達していなければ、伸びていなくて当然だから、焦らず時間を積み重ねていけば良い。

だが、伸びないのはともかく、学習していてもスコアが下がることがある。理由はTOEICテストの誤差の影響だ。50点未満の変動は「実力に変化なし」なので、気にしなくていい。

また、体調が悪いか、テスト中に焦ったり、動揺したりすると、100点以上下がることがある。こんなときも、次回は普通に受けるだけで挽回できるから、落ち込む必要はない。

一方で、スコアアップの必要時間を見て、「そんなにかかるのか」と、ショックを受けた人もいるかもしれない。しかし、毎日の学習時間で考えると、1日1時間で、現在200点台の人が、3年後には600点を超えられる計算だ（[表15]）。1時間といっても、忙しい社会人が平日に机に向かえるのは、せいぜい30分。だから、「机30分＋通勤30分」の組み合わせで構わない。毎日できなくても、サボった分は休日にやればいい。

もちろん、昇格昇進要件などで達成期限が決まっているとか、休職中などでたっぷり時間があるという人は、1日の学習時間を増やせばいい。2時間平均なら1年半で、3時間平均なら1年で、200点台から600点台になる。

英語学習に魔法はないが、才能も関係ない。試され済みのトレーニング方法と、スコアアップに必要な時間があるだけだ。

表13　錯覚のスコアアップ

1回目	2回目	スコアアップ
400点	490点	90点
500点	578点	78点
600点	665点	65点
700点	752点	52点

※問題形式に慣れていない人が、何も準備しないで、2週間以内にTOEICテストを再受験した結果の平均値（故・三枝幸夫氏の調査）。

表14　スコアアップの必要時間

スコアアップ	必要時間	1点アップの時間
200点 → 300点	200時間	2.0時間
300点 → 400点	200時間	2.0時間
400点 → 500点	250時間	2.5時間
500点 → 600点	300時間	3.0時間
600点 → 700点	350時間	3.5時間
700点 → 800点	400時間	4.0時間
800点 → 900点	500時間	5.0時間

※企業内語学研修の前後にTOEICテストを実施した 2,000サンプルの平均値（故・三枝幸夫氏の調査）。

表15　1日1時間でのスコアアップ

開始時	1年後	2年後	3年後
200点	385点	525点	640点
300点	465点	595点	700点
400点	540点	650点	750点
500点	620点	720点	810点
600点	705点	795点	870点

※1日1時間の学習（≒年365時間）を続けた際の伸びの理論値（表2の数値から試算）。

第1章のポイント

★ 過去の失敗は笑い飛ばして、未来へ前進！

忙しい社会人にもできる、学習方法で始めよう。

★7つの落とし穴を避ける！

①問題集メインの勉強は、苦手意識が増す。問題集は、本番前のウオーミングアップに使用しよう。

②覚えようとするほど、単語は覚えられない。単語を自然に思い出せるトレーニングをしよう。

③聞き流しても、聞こえるようにはならない。トレーニングした英文を、流し聞きで定着させよう。

④英会話レッスンだけでは、話せるようにはならない。トレーニングで話せる英語を増やそう。

⑤易しい洋書でも、ただ読むだけでは読めるようにならない。直読直解力をつけよう。

⑥意味がわからない英英辞書では意味がない。辞書を引くより、日本語訳を見よう。

⑦他人と伸びの速さを比較すると、惨めになる。伸びの必要時間と自分の学習時間を比較しよう。

第2章

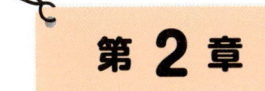

「中学英語+3つのコツ」が飛躍の鍵

こうすればうまくいく「やり直し英語学習」

　前章では、やり直し英語学習を始める人の多くが経験する、7つの代表的な「落とし穴」を紹介した。

　では、こうした「落とし穴」を避けて、やり直し英語学習を成功させるには、どうしたら良いのだろう？　その答は、前章で予告したように、「英語トレーニング」を始めることだ。

　しかし、初級者（中学英語レベルの人）がいきなりトレーニングを始めても、うまくいかない。どんなスポーツでも練習のコツをつかめていないと、上達しないのと一緒だ。

　たとえば、鋭い打球を打つには、どの角度で、どのようにバットを振ればよいのかわからずに、野球の素振りをしていても、成果が出るだろうか？　もちろん、期待するほどの成果は出ない。「英語トレーニング」で、野球の素振りにあたるのは、「音読」だ。英語の音読は誰でもしたことがあると思うが、**何のために音読するのかという「目的」、どんな手順で音読するのかという「方法」、どんな力がつくのかという「効果」**を理解して、音読したことのある人は、多くないはずだ。

　「目的」「方法」「効果」といったことを、本書では「コツ」と言っているが、コツを知らなければ、いくら時間をかけても、なかなか成果が出ない。

　しかし、コツをつかめば、中学レベルからでも飛躍的に英語力を伸ばせる。コツをつかんで、コツコツやるのが、飛躍のコツだ。

第2章 「中学英語＋3つのコツ」が飛躍の鍵

1 中学英語からのスタートで、大丈夫

「中学レベルからでも英語力を伸ばせる」と言われても、学校を卒業して何年も経つから、「中学英語も不安」と言う人もいるだろう。成績はともかく、中高で英語を6年間学んだ経験があり、現時点で、中学3年生レベルの英文を読んで、7割くらい理解できれば心配ない。

7割と聞いて尻込みせずに、次頁の英文（[表16]）でチェックしよう。ゆっくりで構わないから、数回英文を黙読したあとに、日本語訳（[表17]）を確認してみて欲しい。

いかがだっただろうか？　完璧でなくとも、「贈り物を使いまわす」くらいのテーマや話の筋がつかめていればいい。これができていれば、600点以上の獲得は、さほど難しくない。高校1年生までの1,500語で、600点以上のスコアが取れる（P.19）。だから、中学3年生レベルの英語（1,000語レベル）を読んで7割くらい理解できれば、当面目標とすべき高校1年生レベルの半分を、今でも思い出せる状態ということだ。

残念ながら、7割未満の理解度だったという人も、トレーニングを始める前の準備体操として、中学英語を簡単に復習すれば大丈夫だ。復習は、『教科書ガイド』や『高校受験前の総まとめ』といった1～2週間程度で目を通せる厚さの参考書を、暗記しようとせず、ただ読むだけでいい。これだけで、かなりの記憶が短期間でよみがえる。記憶の定着は、その後のトレーニングで行うから、復習に時間をかけなくていい。

表16　中学英語の理解度チェック

Regifting

During the holiday season, gifts are exchanged. Santa Claus certainly does not have a return policy, but many stores do. The problem is, you need the original receipt. Well, unless a close friend or family member gave you the gift, you probably won't be able to get the receipt. So, you can't return the gift but you would rather not throw it away. The answer is to "regift" it. That's right. Rewrap it and give it to someone else for a birthday or even next Christmas. Just remember who you got it from so you'll never regift something to the original giver!

表17　日本語訳

贈り物の使いまわし

ホリデー・シーズンには、プレゼントが交換されます。サンタクロースにはもちろん返品規定はありませんが、多くの店舗にはあります。問題は、最初にもらったレシートが必要なことです。まあ、親しい友人や家族が贈り物をくれたのでなければ、おそらくレシートを手に入れられないでしょう。ですから、贈り物を返品はできないけれど、捨てたくはないでしょう。解決策は、「使いまわしをする」ことです。そうです。包装し直して、誕生日とか次のクリスマスに、他の誰かにあげましょう。でも、決して最初の贈り主には使いまわさないように、誰からもらったのかは覚えておいてください！

語句

regift「~を再度贈る」。holiday season「クリスマスなどの休暇」。gift「贈り物」。exchange「~を交換する」。Santa Claus「サンタクロース」。certainly「確かに」。return policy「返品規定」。original「元の」。receipt「レシート」。close friend「親しい友人」。probably「おそらく」。would rather「むしろ~したい」。throw away「~を捨てる」。answer「解決策」。rewrap「~を再包装する」。giver「贈り主」。

一方で、先ほどの英文は7割くらい意味を理解できたが、「わからない部分や単語もあった」、あるいは「読むのに、とても時間がかかった」という点が気になる人もいるだろう。

　しかし、まったく問題ない。中学英語の復習なしに、トレーニングを開始して構わない。7割理解できていれば、少しのトレーニングで、1,000語レベルの単語をすぐに思い出せるようになるし、理解のスピードも速くなっていく。

　その理由は、TOEICテストだけでなく、==どんな英文でも、中学レベルの1,000語で90%以上（出現率）がカバーされている==ことにある。易しい英文でも、難しい英文でも、並んでいる単語の90%は、1,000語レベル以下の単語だ。

　だから、これらの単語には何度も何度も接触する。接触頻度が非常に高いから、否が応でも記憶に定着する。==現時点で、7割わかっていれば、残りの3割を思い出すのは簡単==だ。

　基本の1,000語が定着すると、常に英文の90%がわかる状態になる。わからない単語は、多くても英文の10%だ。イメージとしては、100語の英文の37語がわからない（100語のうち、1,000語レベルの単語が90語×理解度70%＝63語がわかる）状態から、10語だけがわからない状態に変わる。

　こうなれば、10%のわからない単語も、すでに定着した単語の意味と関連づけて、記憶に定着しやすくなる。基本の1,000語にプラス500語で600点、さらにプラス500語で730点、さらにプラス1,000語で860点が取れる。

　繰り返しになるが、これらの単語は、高校までに一度習ったものだから、新しく覚えるというわけではない。トレーニングをすることで、自然に記憶に定着していく。

やり直し英語学習日記⑧

○月×日、
本屋で、『社会人のためのやり直し英語バイブル　中学英語＋3つのコツで TOEIC テスト650点』を立ち読みした。第1章を読んで、爆笑する。コイツ、俺のことを見ていたのか〜？ウケるので、買って帰る。

○月×日、
昨日買ってきた本を読み始める。耳のイタイ話もあるが、けっこう共感できる。そうか、英語は勉強じゃなくて、トレーニングだったのかぁ〜。ちょっと、やる気になったかも。

2 文法のやり直しをしなくても、大丈夫

　単語の話はわかったが、「文法が不安」という人もいるだろう。だが、TOEIC テストに出る文法は、中学英語が基本。あとは、高校で習う事項が少し加わるだけだ。

　しかも、語彙文法力が試される Part 5、6（計 52 問）のうち、**文法と語彙の出題率が半々としても、文法問題は 26 問で、200 問中の 13%** しかない。「文法が苦手だから、しっかり勉強し直さなければ」と考えるのは早計だ。

　中高の文法を完璧にやり直すには、少なくとも 1 年は必要だろう。しかし、1 年かけても、文法が得意に感じられるようにはならない。そのうえ TOEIC スコアもほとんど上がらない。文法とは、そんなものだ。文法の基本はすごく易しい。だから、少し勉強すると、英語ができるようになった気がする。

　しかし、勉強を進めると、応用（例外）ばかりが出てくる。とことん勉強するのが好きな人でなければ、嫌になる。

　だから、「英文をすべて文法で理解しよう」とか、「文法で話せるようになろう」と、考えてはいけない。文法を中心に勉強しても英語が身につかないことは、中高の 6 年間で証明済みだ。

　普通の日本人が日本語の文法を説明できないように、普通のネイティブスピーカーも英語の文法を説明できない。しかし、ほぼ完璧な文法で母国語を操れる。その理由は、ほとんどの文法を表現として身につけているからだ（[表 18]）。

表18　表現力は、文法力

Part 5 の問題（空欄に当てはまる語句を選ぶ）
I'll leave tomorrow, weather -------.
　(a) permit
　(b) permitted
　(c) permitting
　(d) will permit

正解は (C)。この問題を文法で説明すると、「I'll leave tomorrow, if the weather permits.（天気が良ければ、明日出発します）という文を、分詞 permitting を用いて、1つの単文にする分詞構文の用法」となる。だが、普通のネイティブスピーカーは、a participial construction（分詞構文）の用法なんて言葉を知らない。単に、weather permitting（天気が良ければ）という表現を知っているだけだ。

表19　文法力＝「文の作り方の基本」＋「表現力」

文の作り方（＝単語の並べ方）の基本

①内容語を思い浮かべる。

②内容語を機能語でつないで、関係を明らかにする。

　内容語　＝**事物の名称、性質、動作、状況などを表す単語**
　　　　　　名詞、形容詞、動詞、副詞、疑問詞など

　機能語　＝**内容語の関係を明らかにする単語**
　　　　　　前置詞、接続詞、関係詞、冠詞、助動詞、
　　　　　　代名詞など

もちろん、日本語と英語は、単語の並べ方の順序（文構造）が違うから、知識としての文法も大事だという意見もあるだろう。確かに、単語の並べ方の基本は知っておいたほうがいい。前頁の[表19]の品詞（名詞、形容詞、動詞など）を見て、「何のことだか、さっぱりわからない」という人は、準備体操として、中学英語の復習（P.44）をしよう。単語同様に、暗記しようとせず、読むだけ、理解するだけでいい。

　600点未満の人が、Part5、6の問題を難しく感じるのは、文法とは別の理由が大きい。その**1つ目の理由は、語彙の定着数が少ないから、問題文にも、選択肢にも、わからない単語があること**だ。わからない単語は考えても仕方ないから、なかったことにするしかないのだが、それができずに気になる。気になるから、考えてしまう。考えるから、難しい。

　2つ目の理由は、瞬時に英文の意味が理解できないことだ。これは、1つ目の理由に加えて、直読直解ができていないこと（P.31）が原因だ。語彙問題では、英文の意味がわからなければ、適切な単語を選ぶことができない。文法問題でも、意味が通る（文法的に正しい）ことを確認できない。「空欄の前後だけを見て解く」ことを指南する本もあるが、仮に正解を選べていたとしても、英文の意味がわからないから、問題が解けた気がせず自信を持てない。自信を持てないのだから、難しい。

　だから、文法だけを勉強しても、成果は上がらない。「語彙力」「文法力」「直読直解力」の3つが揃って、初めて成果が出る。そして、これらを身につけるには、勉強の発想ではなく、ネイティブスピーカーの言語習得の原理を応用することがコツだ。あなた自身が母国語（日本語）習得でできた方法だから、英語でもできる。

やり直し英語学習日記⑨

○月×日、
自慢じゃないが、英語は中学1年生からつまずいた。そこで、高校生になった娘から、中学時代の参考書を借りて、読んでみる。く〜っ、懐かしいぜ！「3単現のS」。

○月×日、
1週間で参考書を読み終えて（正確には、見ただけだが）、娘の冷ややかな視線から解放された。久々に読んでみたら、何だか新鮮。しかも、少しカシコクなった気がする〜。

3 トレーニングのコツ1 「音を絵にする」

　いよいよ、ここから核心に入ろう。本書のタイトル通り、「コツ」をつかんでトレーニングすれば、中学英語レベルからでも飛躍できる。その鍵は、ネイティブスピーカーが母国語を習得する際に、無意識に行っていることを、「意識」して行うようにすることだ。日本に生まれれば、意識しなくても日本語を習得できるように、英語圏に生まれれば、意識しなくても、英語を習得できる。

　その理由は、意識しなくても目と耳から大量の英語が入り、さらに口と指を使って、話す・書くことが必要になるからだ。時間にすれば、毎日10時間以上。

　一方、日本国内で英語を身につけようと思っても、英語に触れられる時間は、せいぜい毎日1時間。**圧倒的に少ない時間で英語を身につけるには、習得のためのコツを「意識」することが必要だ。コツを意識することで、学習効果が一気に高まる。**

　意識すべきコツは3つある（[表20]）。

　1つ目は、「音を絵にする（⇒語彙力がつく）」だ。[表21]は、母国語の4技能習得の順序（P.27）を表している。

　日本の子どもは、たとえば「食べ物」を見（食べ）ながら、「マンマ」という音に触れる。「音」と「絵」を結びつける原理は、何語でも変わらない。英語なら、「アップル」と聞いて、頭に「りんごの絵」が浮かぶことが「リスニング」だ。

表20	3つのコツ

① 音を絵にする（⇒語彙力がつく）

② 表現をリズムにする（⇒文法力がつく）

③ スピードを映像にする（⇒直読直解力がつく）

表21	4技能習得の順序

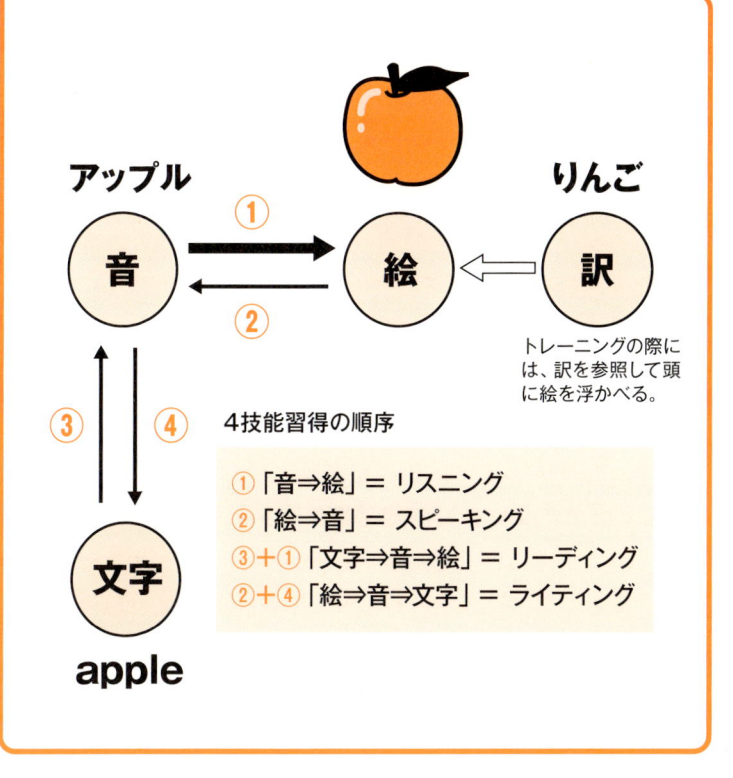

アップル　音　①→　絵　⇐　訳　りんご
　　　　　　　②←

トレーニングの際には、訳を参照して頭に絵を浮かべる。

③ ↑　④ ↓

文字　apple

4技能習得の順序

① 「音⇒絵」＝ リスニング
② 「絵⇒音」＝ スピーキング
③＋① 「文字⇒音⇒絵」＝ リーディング
②＋④ 「絵⇒音⇒文字」＝ ライティング

第2章 「中学英語＋3つのコツ」が飛躍の鍵

やがて、子どもは「アップル」と真似して、言い始める。すると、親が「りんご」をくれる。こうして、「りんご」が欲しくなったら（りんごの絵が頭に浮かんだら）、「アップル」と言うことを覚える。これが「スピーキング」だ。

　さらに、親が絵本を読み聞かせしてくれ、appleという図形（文字）が、アップルという「音」を表しているとわかり、「リーディング」ができるようになる。

　しかし、最初から黙読はできない。appleを音読して、その「音」から「絵」を浮かべて理解する。黙読できるようになるのは、小学生になってからだ。ネイティブスピーカーは、黙読していても脳の音声領域が反応している。黙読とは、口を動かさない音読なのだ。「ライティング」も同じように、声には出さずに、頭の中で話しながら書いている。頭の中で、アップルと言いながら、「文字」（apple）にしている。

　つまり、英語を理解するとは「音を絵にする」ことだ。「リスニング」の際はもちろん、「リーディング」の際も頭の中で音読して、「音」から「絵」を浮かべる。物や状況、人の動作だけでなく、どんな人が、どこで話しているかという会話の場面もイメージしている。日本語でラジオドラマを聞いたり、小説を読んだりして、想像している感覚と同じだ。

　だから、トレーニングをする際も、「音を絵にする」ことがコツだ。具体的には、日本語訳を参照することで頭に「絵」を浮かべ、英語の「音」を真似る（訳⇒絵⇒音）。すると、英語の「音」を聞いて、頭に「絵」が浮かぶようになる（音⇒絵）。「絵」が浮かべば、わざわざ「訳」を考える必要がなくなり、英語のまま理解できるようになる。

やり直し英語学習日記⑩

○月×日、
そうか！ ネイティブは音を絵にしていたのか。娘が初めてしゃべった言葉は「マンマ」で、次は「ママ」。「パパ」は、ず〜っとあとだった。やはり、影が薄かったのが原因だな。

○月×日、
ふ〜ん。トレーニングでは、日本語に訳して理解しなくていいのか。その代わり、日本語訳から「絵」を浮かべる。つまり想像だな。想像なら、妄想とか幻想とかも得意だぜぃ。

4 トレーニングのコツ2 「表現をリズムにする」

　英語の「音を絵にする」ことが、リスニング・リーディングだということがわかった。では、これを逆にして、目に見えるもの（絵）を英語の音にすれば、スピーキング・ライティングになるのだろうか？

「りんご」を目の前にして、What's this?「これ、何」と質問されたとしよう。この場合なら、りんごの「絵」を「音」にして、「アップル」と言えばいい。もちろん、頭の中で話しながら、Apple と書くことも可能だ。

　しかし、少し複雑な「絵」の場合はどうだろう？

　たとえば、「ユー・キャン・ゲット・アップルズ・ア（ト）・ディ（ス）・ストア」と言われたとしよう。完全に聞き取れなくとも、「アップル」と「ストア」から、絵が浮かべば何となく推測できる。ただ、このレベルの理解度の人が、「この店で、りんごが手に入る」と伝えたいと思い、頭に浮かんだ絵を音にしても「アップル・ストア」にしかならず、たぶん伝わらない（[表22]）。

　複雑な絵を音にして、相手に正しく受け取ってもらうためには、正しい文を作る必要がある。文を作るために必要になるのが、文法だ。しかし、ネイティブスピーカーは文法を説明できない（P.48）。勉強して文法を身につけたのではなく、表現を増やすことで、文法を身につけたからだ。

　では、どうやって表現を増やすのか？　そのコツが、「表現をリズムにする（⇒文法力がつく）」だ（[表23]）。

| 表22 | 「音→絵」と「絵→音」の違い |

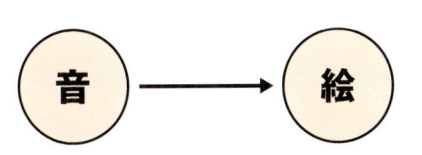

音 ⟶ 絵

You can get apples at this store.
⇒ 聞き取れた音から絵が浮かべば、わかる。

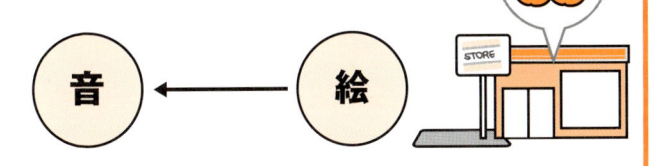

音 ⟵ 絵

apple, store
⇒ しかし、頭に浮かんだ絵を音にするだけでは、伝わらない。

| 表23 | 表現をリズムにする |

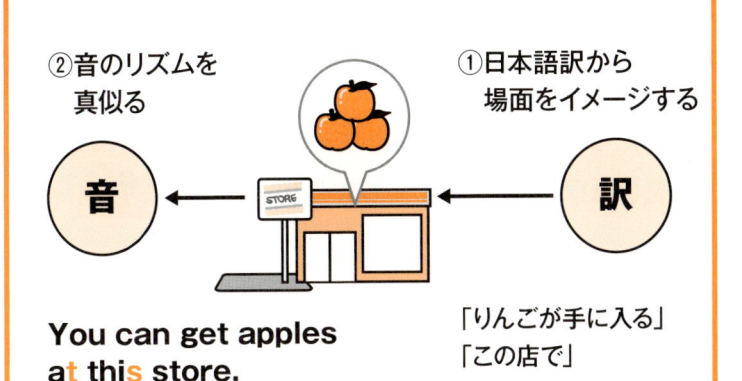

②音のリズを真似る

音 ←

①日本語訳から場面をイメージする

訳

You can get apples at this store.

「りんごが手に入る」
「この店で」

ネイティブスピーカーが表現を増やす方法は、こうだ。聞いたり読んだりする際に、場面をイメージして表現を理解し、その表現をリズムとして覚える。先ほどの英文であれば、「ユー・キャン・ゲット・アップルズ」から「りんごを買っている様子」、「ア（ト）・ディ（ス）・ストア」から「自分のすぐ近くにある店」をイメージし、そのリズム（音）を覚える。

　文を作るとは、内容語を機能語でつなぐことだ（P.49）。具体的には、apple, red, eat, often など、事物の名称、性質、動作、状況などを表す単語（内容語）を、at, and, the, can など、内容語どうしの関係を明らかにする単語（機能語）でつなげば、複雑な絵を正しく相手に伝えられる。

　だから、「apple」⇒「りんご」のように、「単語」から「事物」をイメージするだけでなく、「you can get apples」⇒「りんごを買っている様子」という具合に、内容語が機能語で結ばれた「表現」から「場面」をイメージすることが、文法力をつける第1ステップだ。

　第2ステップは、「表現」を「リズム」として覚えることだ。内容語は、何かを伝えるための基本情報として、強く発音される。機能語は、いわば雰囲気を伝える補完情報で、基本的に弱く発音される。さらに、音法（P.23）は、弱く発音される部分で起こりやすい。だから、この強弱リズムを無視して表現を覚えても聞き取れず、話しても通じないことが多い。

　具体的には、at this store という表現を「ア・ディ・ストア」という強弱リズムで身につければ、絶対に聞き間違えない。そして、内容語を機能語で結ぶ文法のリクツを思い出さなくても、リズムで素早く話せる（文法が使える）ようになる。

やり直し英語学習日記⑪

○月×日、
え〜っ。ネイティブスピーカーって、文法で話してるんじゃないの？ しかも、リズムってことは、ノリってヤツですか。妻に話したら、「あなたは、軽いから大丈夫ね」って、どうよ。

○月×日、
酔った勢いで、英語の歌をカラオケ。強弱リズムを意識したら、なんか英語っぽい。でも、まだリズムに乗れず、字余りになる。カラオケの歌詞に、音法マークをつけてくれ〜。

第2章 「中学英語＋3つのコツ」が飛躍の鍵

5 トレーニングのコツ3「スピードを映像にする」

　TOEICテストを受けて、「まったく歯が立たない」と感じるパートはどれだろう？　スコア別正答率目標（P.15）を確認するまでもなく、リスニングのPart 4（説明文問題）ではないだろうか？　初めて聞いたら、「こんなの速すぎて、わからん」と思う人がほとんどだろう。しかし、速い英語はない。ネイティブスピーカーにとっては、ごく当たり前のスピード。我々にとっては、NHKなどのニュース程度の感覚だ。

　では、なぜ英語を速く感じるのだろう？　その理由は、リーディングスピードが遅いことにある。一般的に日本語に訳しながら英文を読めるスピードは、1分間に75語程度。TOEICテストも含めて、ナチュラルスピードの英語は1分間に150語以上だ。文字になった英文を読めるスピードの倍以上で、音だけの英文が流れてくれば、処理スピードが追いつくはずがない。**処理スピードが追いつかないから、速いと感じる。**

　ネイティブスピーカーは、英文を「文字⇒音⇒絵」で理解する（P.53）。You can get apples at this store.であれば、[表24]のように、2つのリズムで区切り（声に出さない音読（＝黙読）をし）、順にイメージして（絵を浮かべて）理解する。大量のリズム（表現）のストックがあるから、ほとんど直観的に、直読直解（P.31）ができてしまう。リズムで区切るたびに、場面が浮かぶ。そしてスピードを上げると、映画のように映像化する。

表24　スピードを映像にする

You can get apples at this store.

↓

ユーキャンゲットアップルズ ／ アディストア

表25　直読直解

During the holiday season,	ホリデー・シーズンには、
gifts are exchanged.	プレゼントが交換されます。
Santa Claus	サンタクロースには
certainly does not have	もちろんありません
a return policy,	返品規定は、
but many stores do.	しかし、多くの店舗にはあります。
The problem is,	問題は、
you need	必要なことです
the original receipt.	最初にもらったレシートが。
Well,	まあ、
unless a close friend	親しい友人でなければ
or family member	あるいは、家族で
gave you the gift,	贈り物をくれたのが、
you probably won't be able to	おそらく、できないでしょう
get the receipt.	レシートを手に入れることが。

前頁[表25]の英文を黙読してみて欲しい。これは、P.45で黙読してもらった英文を、リズム（表現）で区切ったものだ。同じ英文でも、区切りがわかると、戻り訳をせずに、速く理解できるはずだ。この状態で、日本語訳せずに、英語のまま理解できる部分が増えれば、さらにスピードが上がる。

では、**日本語訳せずに、英語のまま理解できる部分を増やすには、どうしたらいいのだろう？** そこで必要になるのが、コツの1「音を絵にする」だ（P.52）。日本語訳を参照して（絵を浮かべて）から、英文を音読することで、「文字⇒音⇒絵」ができる部分を増やしていけばいい。

では、**リズム（表現）で自然に区切れるようになるには、どうしたらいいのだろう？** そこで必要になるのが、コツの2「表現をリズムにする」だ（P.56）。リズム（表現）で区切った日本語訳を参照して（場面を浮かべて）から、英文を音読することで、「表現⇒リズム」ができる表現を増やしていけばいい。

「表現⇒リズム」ができる表現が増えてくると、英文を黙読する際にも、脳にストックされたリズムで、英文を自然に区切ることができ、スピードを上げて映像化して理解できるようになる。3つのコツは、有機的に結びついている。

ネイティブスピーカーは、初見の英文を1分間に300語以上で読むが、600点を突破するには、1分間に150語以上で読めれば充分だ。このスピードで、TOEICテストのリーディングセクションを解き終えることができる。

また、このスピードはTOEICテストの音声スピードと同じナチュラルスピードだから、リスニングもラクになる。難関のPart 4でも、自信を持って答えられる問題が増える。

やり直し英語学習日記⑫

第2章 「中学英語＋3つのコツ」が飛躍の鍵

○月×日、
なぬっ！ 学生時代から、英語をリスニングするたびに、「このスピードでどうやって、日本語に訳すんだ〜」って、疑問だったけど。そもそも、訳さないことがポイントなのか〜。

○月×日、
前回の TOEIC テストは、リーディング問題を 20 問やり残して、「エイヤー」ってマークした。問題見てないんだから、敵に遭遇する前に自爆って感じ。速読スピード、上げたるぜぃ。

6 トレーニングで、語彙力も文法力も身につく

　単語も文法も中学英語の基本は大事だけれど、完璧じゃなくていい、7割くらいわかっていればいいと書いた。もちろん、基本の知識はあったほうが良いが、完璧じゃなくとも、トレーニングを始めたほうがいい。**知識としての英語を完璧に復習することを優先したら、いつまで経っても英語が身につく日はこない。**

　英語の勉強をして、知識を蓄えようとしようとしても、脳は忘れるようにできている。完璧に暗記できれば、大学1年生は860点取れてもおかしくない（P.19）が、実際は419点（P.35）だ。中高で英語を6年かけて暗記しても、半分忘れている。人はなぜ忘れるのか？　大脳は、およそ2×10乗個の脳神経細胞でできている。言ってみれば、生まれてから死ぬまで見聞きしたことをすべて格納できる、とんでもなく巨大な倉庫だ。ただ、とんでもなく巨大なだけに、**単に情報を入れるだけでは、どこに格納したのか、時間の経過とともにわからなくなる。**試験前に英単語を一夜漬けで覚えても、試験が終わると大部分を忘れてしまう。

　暗記の際に、「apple＝りんご」といった具合に、英単語と日本語訳の情報を結びつけて覚えていくと、[表26]のような状態になる。出現率の高い1,000語レベルの単語であれば、何度も同じ情報を取りにいくことで、格納場所を忘れないから、この覚え方でもまだいい。

　しかし、難易度が高い単語は出会う頻度が極端に低くなり、

表26 単語の暗記

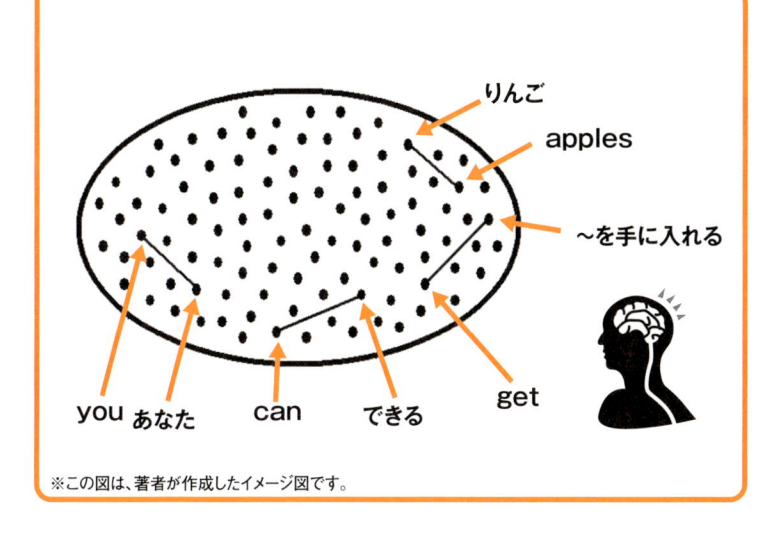

りんご
apples
〜を手に入れる
you　あなた　can　できる　get

※この図は、著者が作成したイメージ図です。

表27 表現をリズムにする

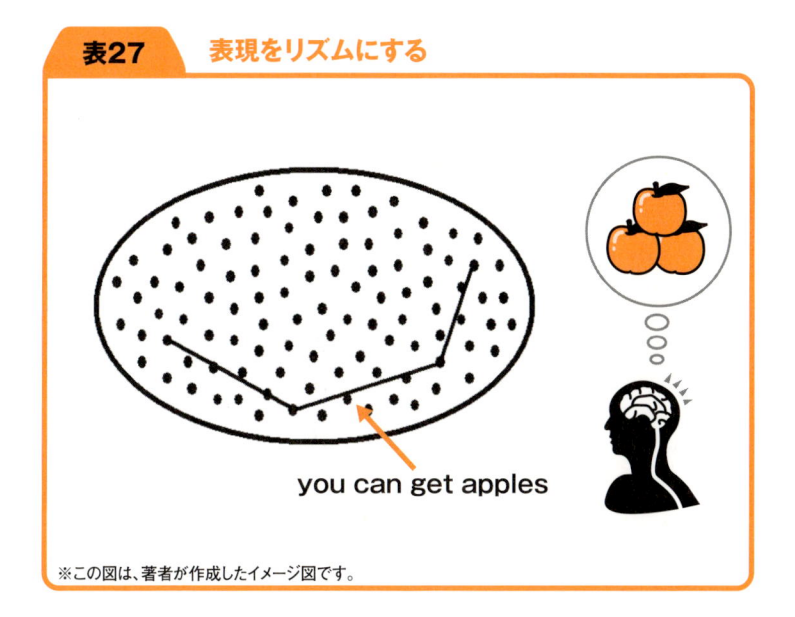

you can get apples

※この図は、著者が作成したイメージ図です。

格納場所を忘れてしまう。

　しかも、この覚え方で you can get apples の意味を理解するには、「あなた」「できる」「〜を手に入れる」「りんご」の情報を見つけてくる必要がある。検索する情報が多いから時間がかかる。だから、英語を速く処理できない。

　東北大学の川島隆太教授は、「脳は映像を処理するコンピューター」と言っている。ネイティブスピーカーの言語習得は、「音を絵にする」ことから始まる。「文字」は「音」を表現したものに過ぎない。だから、英単語と日本語訳を結びつけて覚えるのではなく、日本語訳からイメージして「絵」を頭に浮かべ、音読して「音」と結びつけるのが基本だ。

　しかし、これだけでは、you can get apples を理解するのに4枚の「絵」を浮かべる必要があるし、can のような機能語は、「絵」を浮かべるのが難しい。そこで、you can get apples という表現として、音の「リズム」と「場面」を結びつける。これで、検索する情報が減り、速く処理できる（[表27]）。大量の英語を処理する際は、リズムで区切って、場面を浮かべる。スピードを上げると、脳はまさに映像を処理するコンピューターになる。==トレーニングの3つのコツは、英語を身につけるコツであると同時に、情報を素早く取り出せる「忘れない脳」を作る「脳トレ」のコツでもある。==

　脳神経細胞は神経線維で結ばれている。英語を音読すると、神経線維に電気信号が通り、脳に分散した大量の情報が結ばれ、脳の70％の領域が活性化する（黙読の約3倍）そうだ。音読することで、忘れてしまった単語も、新しく覚える単語も、脳のネットワークに定着する（記憶に定着する）。だから、語彙力も文法力も、音読を基本としたトレーニングで身につく。

やり直し英語学習日記⑬

○月×日、
学生時代は、もっぱら一夜漬けに頼っていた。あの頃は、試験前に徹夜もしたな〜。しかし、もう徹夜どころか、一夜漬けも無理だな。というか、どうやって暗記するんだっけ？

○月×日、
ほ〜、「英トレ」で「脳トレ」ですか。妻にも、「あなた、最近ボケてるんじゃない？」って言われてるし、こりゃ一石二鳥だね。ちょっと明るい未来が見えてきたか？

7 トレーニングで、忘れない脳を作る

　ここまで、トレーニングの有用性について述べてきた。しかし、「音読したくらいで語彙力や文法力が身につくのか、まだまだ信じられない」という人もいるだろう。これまで単語や文法の暗記に苦労してきたという人なら、そう思うのも当然だ。結論から言うと、「ちょっと音読する」くらいでは身につかないが、「タイミングよく反復して音読する」と身につく。

　記憶には、脳神経細胞と神経線維のネットワークが必要だ（P.66）。神経線維に電気信号を通して、脳神経細胞と脳神経細胞を結ぶことで記憶する。この際、「apple＝りんご」といった単純パターンの記憶をすると、どれくらい身につく（忘れない）のだろうか？

　[表28]を見て欲しい。これは、「エビングハウスの忘却曲線」と呼ばれるものだ。ヘルマン・エビングハウスの実験によると、単純記憶したもののうち、20分後に42％、1時間後に56％、1日後に74％、1週間後に77％、1ケ月後に79％を忘却する。つまり、1ケ月後には21％しか覚えていない。100個の英単語を暗記すると、1ケ月後には21個だけ覚えている計算だ。では、もっと効果的に身につけるには、どうしたらいいのか？　その方法は2つある。

　1つ目は、覚える際にできるだけ多くの脳神経細胞をネットワークする（神経線維に電気信号を通して、脳神経細胞を結ぶ）ことだ。

　具体的には、「apple」ではなく「you can get apples」

表28　エビングハウスの忘却曲線

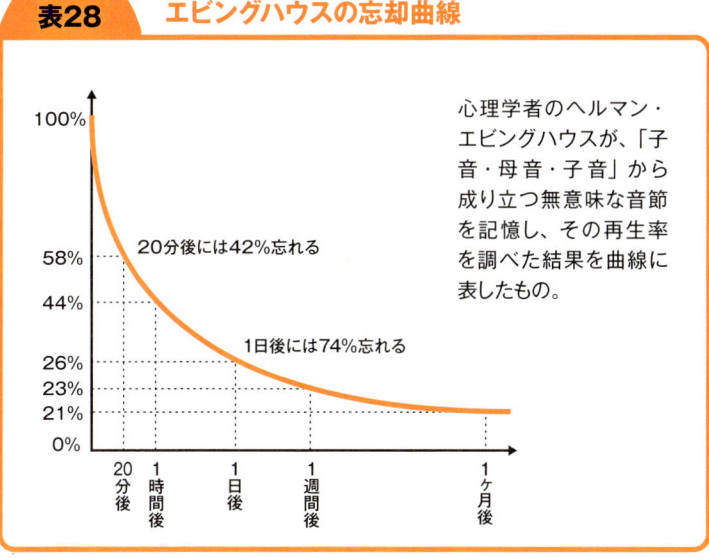

- 20分後には42%忘れる
- 1日後には74%忘れる

縦軸：100%、58%、44%、26%、23%、21%、0%
横軸：20分後、1時間後、1日後、1週間後、1ヶ月後

心理学者のヘルマン・エビングハウスが、「子音・母音・子音」から成り立つ無意味な音節を記憶し、その再生率を調べた結果を曲線に表したもの。

表29　反復トレーニングで忘却を防ぐ

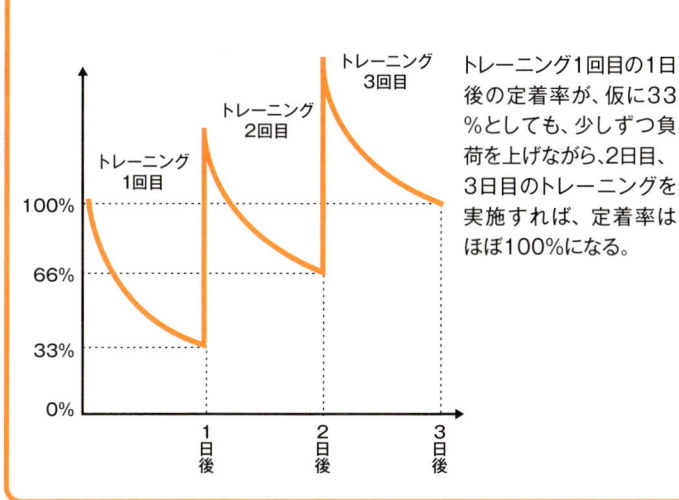

- トレーニング1回目
- トレーニング2回目
- トレーニング3回目

縦軸：100%、66%、33%、0%
横軸：1日後、2日後、3日後

トレーニング1回目の1日後の定着率が、仮に33%としても、少しずつ負荷を上げながら、2日目、3日目のトレーニングを実施すれば、定着率はほぼ100%になる。

第2章　「中学英語＋3つのコツ」が飛躍の鍵

と覚えようとするだけで、単語が4倍になり、結びつきも4倍になる。音読すれば、「文字」+「音」で8倍になる。

さらに、日本語訳を確認して9倍、場面をイメージすれば、最低でも10倍になる。実際には、過去のさまざまな経験（情報）と結びつけてイメージするから、結びつきは格段に大きくなる。

たくさんの情報を結びつけて、効果的にインプットするための方法が音読だ。ここまで紹介した方法が基本だが、音読に筆写を加える（音読筆写）、音読スピードを最大にする（速音読）という方法もある。これらのトレーニングの「目的」「方法」「効果」は、第3章で紹介する。

2つ目の方法は、忘却曲線に逆らうタイミングで反復することだ。単純記憶で、20分後に42％忘却するのであれば、複数のメニューを組み合わせて、20分以上、反復トレーニングを行うことで忘却率を下げる。1日後に74％忘却するのであれば、2日目、3日目と、少し負荷を上げて反復トレーニング（[表29]）をするか、移動中などに復習としてその英文を聞けばいい。

これも川島隆太教授に教わったことだが、「掛け算の九九を、一度覚えると死ぬまで忘れず、いつでも同じ速さでできる」そうだ。「繰り返し同じ情報を通すことで神経線維が太くなり、絶対壊れない脳内ネットワーク（高速道路）ができ上がる」。

そのための方法はただ1つ。「これで充分だと思った時点より、もっと深く学習するオーバーラーニング（過剰学習）」だ。

単なる音読と、「英語トレーニング」は違う。英語トレーニングは、オーバーラーニングするための方法だ。具体的なトレーニング方法は、第3章で体験して欲しい。

やり直し英語学習日記⑭

○月×日、
「サザンガキュー、サンシジュウニ」。思わず試してみたけど、確かに覚えてるよ〜、九九。英語もこれでいけばいいのか。「ユーキャンゲットアップルズ」っと。

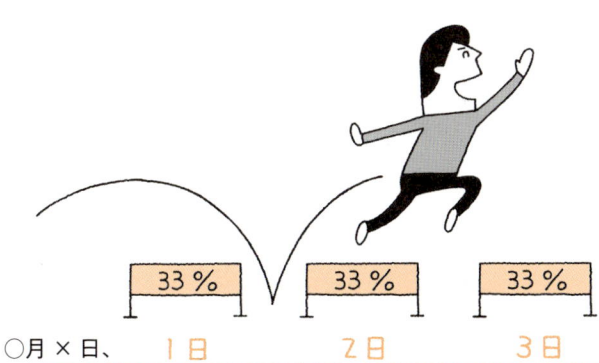

○月×日、
一夜漬けより、三日漬けが効果的だったのか。しかも、1回33％の定着でいいなんて、ハードルが低くて助かる。これで、3日坊主も卒業だな。やるぜ〜、英語トレーニング！

第2章のポイント

★ 中学英語からのスタートでOK！

中学英語が不安な人は、1～2週間で目を通せる厚さの参考書を、軽く読んでから始めよう。

★ 3つのコツで、大きく飛躍しよう！

①音を絵にする（⇒語彙力がつく）
 リスニング ⇒ 音を聞いて、絵を浮かべる
 リーディング ⇒ 無音の音読で、絵を浮かべる

②表現をリズムにする（⇒文法力がつく）
 文法 ⇒ 内容語を機能語で結ぶ＝表現
 表現 ⇒ リズムとして身につける

③スピードを映像にする（⇒直読直解力がつく）
 速聴 ⇒ リズム単位で、絵を浮かべる
 速読 ⇒ リズムで区切って、絵を浮かべる

第 3 章

今日から始める
「英語トレーニング」

まずは体験してみよう「英語トレーニング」

　第1章で、「スコアアップの必要時間」（P.39 [表14]）を紹介したが、この数値は企業内の語学研修、つまり、講師の指導のもとでの学習時間の平均値であることに注意して欲しい。いってみれば、理想的な学習環境での値＝「理論値」だ。

　私は社会人になって英語学習を始めて、3年半で335点から850点になった。この経験を『TOEICテスト300点から800点になる学習法』（中経出版）にまとめたが、学習を始めた当初は通勤の片道2時間（往復4時間）を使って、やみくもにトレーニングしていた。方法が未確立で、専用のテキストもなく、試行錯誤で無駄が多かった。700点を超えるまで、「理論値」なんて知らなかった。だから、**理論値（1,680時間）の3倍、5,250時間を要した。**

　プロになって12年。過去の自分を反省しながら、誰でも理論値を実現できるトレーニング方法の開発と改善に力を注いできた。英語トレーニングの実践で、多くの人が成果を上げている。理論値なら、忙しい社会人でも「1日60分×3年」で大きな目標を達成できる（P.39 [表15]）。

　私が企業内で、数十名から数百名の方に講演させていただくのが、このトレーニング方法だ。可能であれば直接ご体験いただきたいが、それが実現する日までお待ちいただくのは忍びない。

　そこで第3章では、本書付属のCDを使って、トレーニング方法をライブ感覚でご体験いただけるよう工夫した。

第3章 今日から始める「英語トレーニング」

1 リスニングチェック

　ここからは、紙上セミナーで実際に「英語トレーニング」を体験して欲しい。トレーニングに必要なのは、①本書、②本書付属のCD（と再生機器）、③筆記用具、④メモ用紙、⑤秒数が測れる時計だ。体験の方法は、次の2通り。

【1】本書を読み進めながら、CDの指定トラックを聞く方法
【2】CDを最初からかけて、収録の声の指示に沿って、本書を参照する方法

　もちろん、おすすめは【2】の方法。セミナーの臨場感を味わいたい方は、ここでCDをかけて欲しい。
　【1】の方法を選んだ方は、以下を読み進めよう。

　まず、コツの1つ目「音を絵にする」を意識したトレーニングを体験しよう。音を絵にするとは、英文を思い浮かべたり、日本語訳にしたりすることなく、会話の場面をイメージすることだ（[表30]）。
　具体的には、どんな人が話しているか（Who）、どこで話しているか（Where）、何を話しているか（What）を想像しながら聞くことで、場面がイメージされる（[表31]）。
　では、CD（トラックNO.48）の会話を一度だけ聞いて、どの程度理解できるか（音を絵にできるか）試して欲しい。
　CDを聞いたら、「日本語訳」（[表32]）を参照して自分の

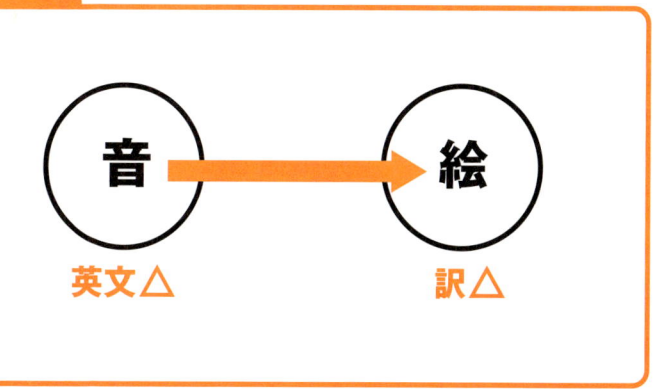

表30	トレーニングの目的「音を絵にする」

音 → 絵

英文△　　　　　　訳△

表31	音を絵にする

Who（誰が）、Where（どこで）、What（何を）をイメージしながら聞く

↓

Q Who are the speakers?
（話し手は、誰ですか?）

Q Where are the speakers?
（話し手は、どこにいますか?）

Q What are they talking about?
（彼らは、何について話していますか?）

第3章 今日から始める「英語トレーニング」

理解度を確認し、「リスニングチェック」（[表33]）の1回目に○印でチェックしよう。この段階で理解度が低くても、気にする必要はない。トレーニング後に行う2回目、3回目のリスニングチェックでの進歩に期待しよう。

　ここでもう一度、日本語訳（[表32]）を黙読して、どんな人が話しているか（Who）、どこで話しているか（Where）、何を話しているか（What）が想像できるか、試してみよう。
・「もしもし」という言葉から、「電話での会話」
・「予約の再確認」「忘れていた」という言葉から、「予約のリマインド」
・「シン医院」という言葉から、「病院スタッフと患者」

　こんな具合に、想像できたのではないだろうか？　文章（日本語訳）からだけでも、これだけ想像できる。くわえて、リスニングの際は、話し手の声の感じも、喜怒哀楽や立場（友人、上司と部下、店員と客など）を想像するヒントになる。

　英語をリスニングした際も、同じように「誰が、どこで、何を」が想像でき、会話の場面がイメージできるようになることが、トレーニングの「目的」だ。次に、トレーニングの「方法」を確認するが、その前に「語彙チェック」をしておこう。

　[表32]の「英文」と「日本語訳」を見比べて、意味がわからない単語に下線、該当の日本語訳を○で囲む。たとえば、reconfirmに下線、「再確認」に○、という具合だ。辞書を引く必要はない。チェックが終わったら、「語句」の欄も確認しよう。reconfirm「〜を再確認する」が、文脈から「〜の再確認のため」という訳になっていたことがわかる。なお、このあとのトレーニングで意味は自然に定着するので、覚えようとする必要はない。

表32 英文／日本語訳

W : Hello, this is Vanessa Johnson calling from Dr. Singh's office. This is just to reconfirm your appointment for tomorrow at 3:00 p.m.
M : Oh, I totally forgot about that. Thanks for calling, but I don't think I can make it now.

女性：もしもし、シン医院のヴァネッサ・ジョンソンです。明日、午後3時のご予約の再確認のため、お電話いたしました。
男性：ああ、すっかり忘れていました。お電話いただいて、ありがとうございます。でも、行けなくなってしまいました。

語句
Hello「（電話で）もしもし」。this is 〜 calling「（電話で）こちらは、〜です」。Dr. Singh's office「シン医院」。reconfirm「〜を再確認する」。appointment「予約」。totally「完全に」。forget about「〜のことを忘れる」。make it「約束を実行する」。

表33 リスニングチェック

CDを聞いたおおよその理解度を、○印でチェックしよう。

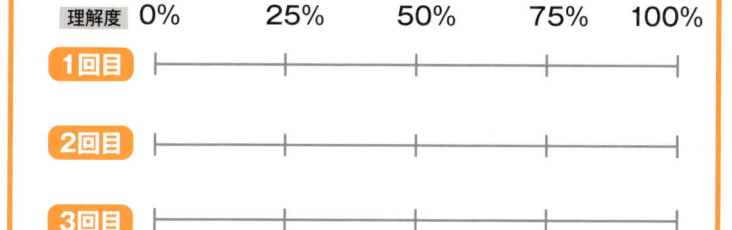

| 理解度 | 0% | 25% | 50% | 75% | 100% |

1回目
2回目
3回目

2 基本構文の音読

　日本語訳と語彙を確認したのは、母国語（日本語）を使って、会話の場面をイメージするためだった。これでイメージができたら、いよいよ「音を絵にする」トレーニングを行う。音を聞いて、会話の場面がイメージできるようになるためには、その逆を練習すればいい。具体的には、会話の場面をイメージして音を覚える（[表34]）。

　音を覚えるには、「聞く」（インプットする）だけでは不充分で、「真似る」（アウトプットする）必要がある。「真似る」ことができた音は、「聞ける」（フィックスする＝定着する）ようになる（[表35]）。

　また、音を真似る際は、英文を見ずに口ずさむ（リピート）のではなく、英文を見て口ずさむ（音読する）ことで、リーディング力が同時に伸びる（P.53）。

　音読できた音が聞けるようになるのは、洋楽を歌うのに似ている。何度か聞いた程度の洋楽を、いきなり歌うのは難しい。それでも、歌詞を見て歌う練習をすれば、カラオケに挑戦できるくらいにはなる。カラオケで歌えるようになった曲は、意識せずに聞いても、何を歌っているかわかるようになっている。

　なお、実際のリスニングでは、上級者になっても、英文のすべてを完全に聞き取れないことがよくある。その場合でも、聞き取れた音から場面をイメージすることができれば、問題ない。リスニング力は想像力だ（[表36]）。

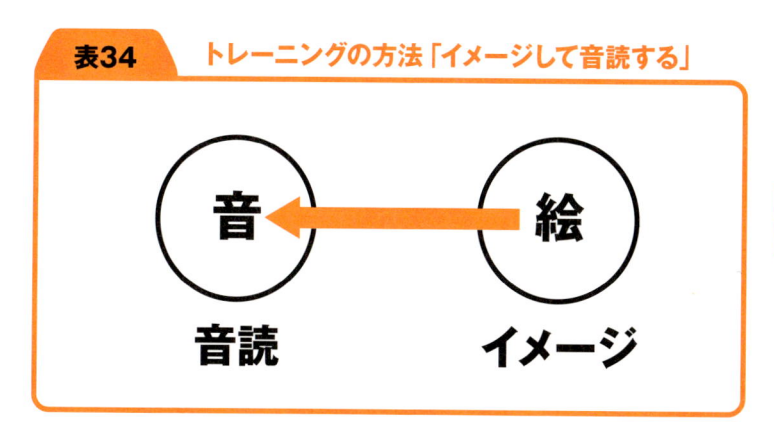

表34 トレーニングの方法「イメージして音読する」

音 ← 絵
音読　　イメージ

表35 トレーニングの効果「真似できた音は聞ける」

INPUT → **OUTPUT** ＝ **FIX**
（聞く）　　（真似る）　　（聞ける）

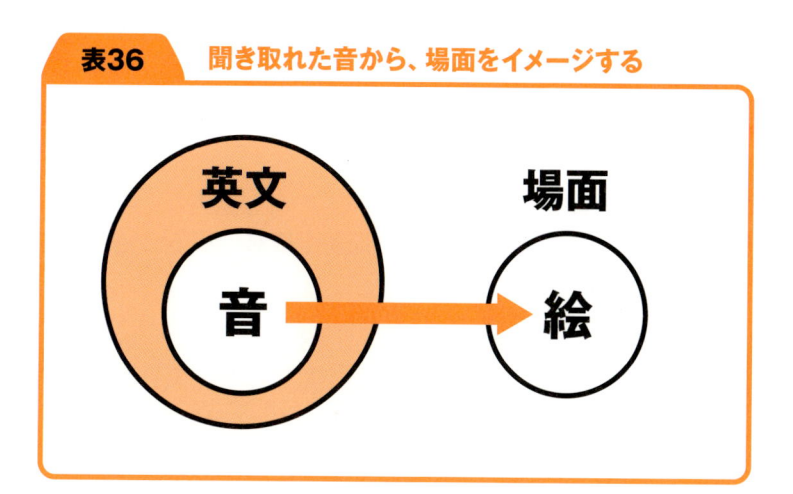

表36 聞き取れた音から、場面をイメージする

英文　　場面
音 → 絵

だから、トレーニングの際は、ネイティブスピーカーが良く使う表現（基本構文）を重点的に練習する。難解な英文を丸ごと練習しても、まったく同じ英文をもう一度どこかで見聞きする可能性は極めて低い。何度も見聞きする可能性が高い基本構文を練習し、実際のリスニングと同じように、聞けた部分から場面をイメージするほうが合理的だ（[表37]）。

　では、基本構文（[表38]）を音読しよう。手順はこうだ。①日本語訳を黙読して場面をイメージ。②英語を確認。この際、なぜこういう英語になるのか疑問を感じたら、「解説」を読む。③CDをかけて、英語の音を確認。○印がついている部分、文字が薄くなっている部分は音法（P.23）の表示なので、音の変化に注意。④音読。

　基本構文は5つあるので、CDを一時停止させながら、①〜④の手順を1文ずつ行う。音読は、口にリズムが馴染む感じを目標に、4〜5回が目安だ。この際、単語の発音を気にしすぎない。大事なのは、英語の強弱リズムだ（P.58）。強弱リズムに慣れれば、発音が完璧でなくとも英語は聞き取れる。英語が聞き取れるようになるのに比例して、発音も良くなる。

　5つの基本構文の音読が終了したら、CD（トラックNO.48）の会話をもう一度聞いて、どの程度理解できるか試そう。終わったら、その理解度をP.79の[表33]「2回目」にチェック。2回目で100%の理解度になる必要はない。1回目と比較して、伸びていればいい。大事なのは、忘却曲線との闘いだ。今日、完璧になるまで練習するよりも、明日、明後日と、反復トレーニングするほうが定着する（P.70）。不安な人は、明日もう一度音読して、「3回目」にチェックしよう。

表37　良く使われる表現を重点的に練習する

P.79[表32]の会話文より

W: Hello, this is Vanessa Johnson calling from Dr. Singh's office. This is just to reconfirm your appointment for tomorrow at 3:00 p.m.

M: Oh, I totally forgot about that. Thanks for calling, but I don't think I can make it now.

CD ○ 49

表38　基本構文

1	もしもし、ヴァネッサ・ジョンソンです。	Hello, this is Vanessa Johnson calling.
2	これは、ご予約の再確認のためです。	This is just to reconfirm your appointment.
3	それをすっかり忘れていました。	I totally forgot about that.
4	お電話ありがとうございます。	Thanks for calling.
5	行けなくなってしまいました。	I don't think I can make it now.

解説

1. this is ＋（名前）＋ calling：電話で、かけた人が「（名前）です」。
2. reconfirm：「～を再確認する」。re「再び」＋ confirm「～を確認する」。
3. totally：「すっかり」。同義→completely。forget about「～のことを忘れる」。
4. thanks for ＋ 動詞ing：「～してくれてありがとう」というお礼の言葉。
5. I don't think：口調を和らげるために使われている。make it「約束を実行する」。now「以前とは状況が違って」という意味合いで使われている。

3 基本構文の音読筆写

「音を絵にする」コツを活かしたトレーニングはどうだっただろうか？ 簡単すぎて、これで力がつくのか不安という人もいるかもしれない。しかし、リスニングで大事なことは、「完璧主義を捨てて、いい加減にやる」ことだ。これは、投げやりという意味ではない。リスニングのトレーニングは、肩から力を抜いて、7割くらいわかるようになれば良しとする「良い加減」で、トレーニングするのがちょうどいいのだ。

講演のあとで、「練習した英文は聞こえるけど、初めて聞く英文はわからない。どうしたらいいですか？」という質問をいただくことがある。

練習した英文が聞こえるようになるなら、答は簡単。初めて聞く英文が少なくなるように、いろんな英文で練習すればいい。いろんな英文で数多く練習するには、出現頻度の高い基本構文を中心に、完璧を求めて時間をかけすぎず、いい加減にやるのがいい。

いい加減に練習しても、「真似できた音は聞ける」から、大丈夫だ。ところで、いい加減に練習した英文は、どれくらい話せるだろうか？ 「日英チェック①」（[表39]）で、日本語をヒントに、先ほどの英語が話せるか試してみよう。「スッと話せた」か「何とか話せた」人は、「日英チェック②」（[表40]）にも挑戦して、どれくらい書けるか試して欲しい。書き終わったら、正確に書けていたか、P.83の英文と比較しよう。

| 表39 | 日英チェック① スピーキング |

1. もしもし、ヴァネッサ・ジョンソンです。
2. これは、ご予約の再確認のためです。
3. それをすっかり忘れていました。
4. お電話ありがとうございます。
5. 行けなくなってしまいました。

| 表40 | 日英チェック② ライティング |

1. もしもし、ヴァネッサ・ジョンソンです。

英語 ➡

___

2. これは、ご予約の再確認のためです。

英語 ➡

___

3. それをすっかり忘れていました。

英語 ➡

___

4. お電話ありがとうございます。

英語 ➡

___

5. 行けなくなってしまいました。

英語 ➡

___

いかがだっただろうか？　「スッと話せたものは、サラサラ書けた」「何とか話せたものは、何とか書けた」「話せなかったものは、やはり書けなかった」のではないだろうか。

　音読したのに、話せる・書けるようにならなかったと、落ち込む必要はない。「イメージして音読」すると聞けるようになる。イメージは、強く発音される「内容語」と強く結びついている（P.58）。だから、「内容語」を聞き取れる程度（いい加減）の練習でも、リスニング力がつく（[表41]）。

　しかし、話す・書くには、「内容語」を「機能語」でつないで、文を作る必要がある。単語が1語でもわからないか、文法に迷えば、文は作れない。ライティングなら多少考える時間もあるが、スピーキングでは、言葉に詰まり冷や汗をかく。リスニング・リーディングは「いい加減」で良いが、スピーキング・ライティングには「完璧さ」が必要になる。

　では、完璧にするには、どうするか？　完璧にするには、「表現をリズムにする」コツを活かしたトレーニングを行う。内容語を機能語でつないだ表現（文）をリズムで覚えてしまえば、語彙力・文法力がつき、リクツを考えなくても、リズムでスッと話せる・書ける。

　トレーニングの目的は、「リズムとして表現を身につける」ことだ（[表42]）。そして、リズムとして表現を身につけるには、その逆を行う。つまり、表現をリズムにする。リズム（音）を練習する方法は音読だが、機能語は弱く発音され、音の変化（音法）が大きい。だから、音読だけでは、機能語の定着が不完全だ。そこで、音読に筆写を加えることで、定着度を高める「音読筆写」を行う。具体的な方法は、P.88から紹介する。

| 表41 | リスニングとスピーキングの違い |

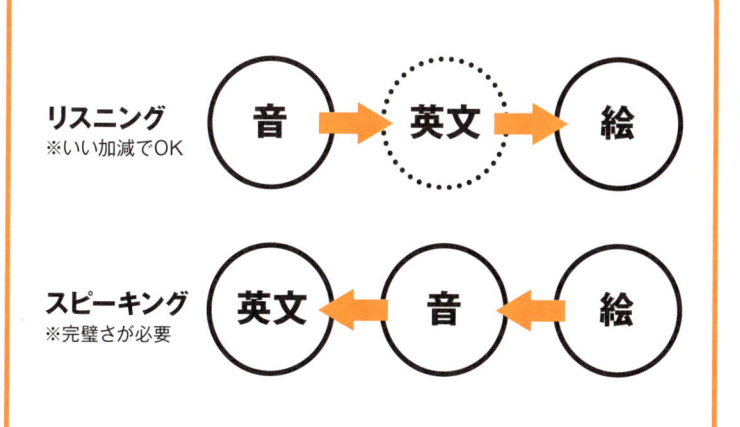

リスニング
※いい加減でOK

音 → 英文 → 絵

スピーキング
※完璧さが必要

英文 ← 音 ← 絵

| 表42 | トレーニングの目的と方法 |

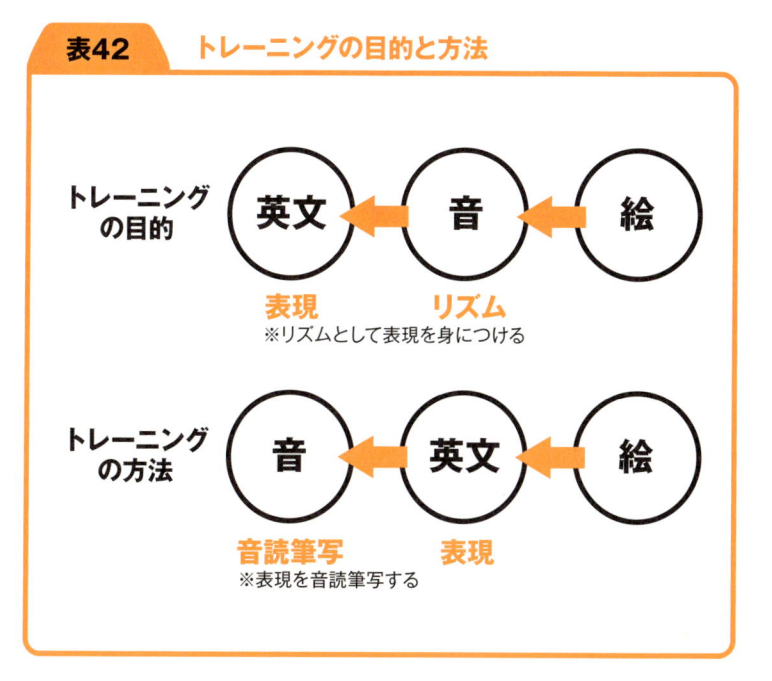

トレーニングの目的

英文 ← 音 ← 絵
表現　リズム
※リズムとして表現を身につける

トレーニングの方法

音 ← 英文 ← 絵
音読筆写　表現
※表現を音読筆写する

4 表現集作り

　「音読筆写」を行ってみよう。まずは、「音読筆写」を行う英文（基本構文）を選択する。先ほどのように、「日英チェック」（P.85）を行って、スッと話せなかった文、難しく感じた文を選んでもいいし、単純に音読が難しかった文でも構わない。一般的には、語数が多い文ほど機能語も多くなるから、難しい文だと感じる。

　ここでは、2つの英文を音読筆写してみよう。

　まずは、[表43]の This is just to reconfirm your appointment. を、音読筆写欄の1行目に書き写す。書き写すことで、単語と語順が正確に脳にインプットされる。

　次に、2〜5行目に、音読しながら英文を書き写す。字は乱れて構わないから、スピードを上げる。スピードを上げることで、定着度が高まる。音読筆写が終わったら、英文から顔を上げて、誰かに話すつもりでそらんじる。

　もし、スッと言えなかったら、あと2回音読筆写をして、そらんじる。今度は、言えるはずだ。[表43]が終わったら、[表44]も音読筆写しよう。音読筆写をした英文は、スッと言える。もちろん、書いて練習したから、素早く書ける。なぜだろう？

　黙読だと、目から入ってきた文字の意味を理解するだけだ。音読は、目から入ってきた意味を口から音声にし、自分の耳で聞く。これに指を使った筆写を加えると、言語システムすべてを使うことになる。だから、定着度が最も高まる（[表45]）。

　音読は、黙読の3倍の効果。音読筆写は、4倍の効果がある。

表43　音読筆写①

| 2 | これは、ご予約の再確認のためです。 | This is just to reconfirm your appointment. |

音読筆写欄

1.
2.
3.
4.
5.

表44　音読筆写②

| 5 | 行けなくなってしまいました。 | I don't think I can make it now. |

音読筆写欄

1.
2.
3.
4.
5.

だから、音読での定着が不安なら、ダメ押しの音読筆写で定着させる。しかし、音読筆写は効果が高い分エネルギーを使い、音読よりも時間がかかる。基本構文がたくさんある場合は、難しく感じたもの（5文以内）に絞って音読筆写しよう。**「難しく感じる文＝話せない・書けない文＝語彙・文法が弱い文」だから、こうした文を重点的に練習すればいい。**

音読筆写で定着させた基本構文は、「掛け算の九九」と同じ働きをする。掛け算の九九ができなければ、割り算ができない。割り算ができなければ、一次方程式も二次方程式も解けない。中高の6年間も英語を学んできて、話せないのはなぜか？

それは「英語の九九」を覚えていないからだ。リクツ抜きに、リズムで使える表現を脳に叩き込まなければ、瞬時に対応できない。だから、話せない。

毎日5文の基本構文を音読筆写すれば、年に1,800文以上、3年で5,400文以上になる。1文が5～7語とすれば、27,000語～37,000語だ。基本語彙も文法も、すべて含まれる。TOEIC Part 5、6の問題も考えずに解ける。さらに、脳に蓄積されたリズム（表現）を組み合わせて、複雑な文を作れるようになってくる。この段階で文法書を読めば、すんなり理解できる。

さらに、音読筆写した中から、将来使ってみたい1文を厳選して、ポケットサイズのノートに記録していくと、1年で365文、3年で1,000文以上の自分だけの「表現集」ができ上がる（[表46]）。これは、覚えなければいけないという「脅迫的な」単語帳や単語集ではなく、使ってみたいという「夢のある」表現集だ。だから、気持ちが前向きになって、学習が楽しくなる。

表45　音読筆写

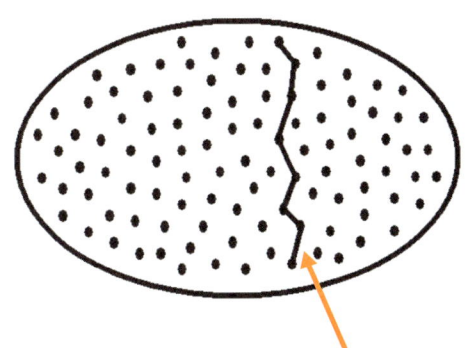

This is just to reconfirm your appointment.

言語システムすべてを使った定着効果で、脳に高速道路（P.70）を作る。

※この図は、著者が作成したイメージ図です。

表46　表現集

記入例

○月○日
This is just to reconfirm your appointment.
これは、ご予約の再確認のためです。

○月○日
I totally forgot about that.
それをすっかり忘れていました。

○月○日
I don't think I can make it now.
行けなくなってしまいました。

I don't think I can make it now.

英語を使うチャンスに、書き留めた表現を意識的に使う。一度使えた表現は、絶対忘れない。

（実際に使えた表現には、花まるマーク）

5 速読チェック

　先ほどは、会話文をリスニングしてもらった。今度は、説明文（ニュース、スピーチなど）をリスニングしてみよう。次頁の英文（[表47]）は見ずに、CD（トラックNO.50）を1度だけ聞いて、どの程度理解できるか（音を絵にできるか）試そう。

　いかがだっただろうか？　聞こえた音から絵を浮かべようとしても、音がどんどん流れていって、処理しきれない。つまり、速すぎて理解できなかった（あるいは、理解が大変だった）のではないだろうか。

　今度は、[表47]の「英文」を速読（黙読）してみよう。秒数の計れる時計を使って、読み終わるのに何秒かかるか測定しよう。読み終わったら、[表48]の1回目に秒数を記入して、「速読スピード」を計算する。

「速読スピード」を「目標スピード」と比較してみよう。この英文は48語。ネイティブスピーカーは初見の英文を、1分300語以上で黙読するから、10秒以内で読み終えると、ネイティブスピーカーとほぼ同じスピードだ。

　また、19秒以内なら、600点を突破するのに必要なリーディングスピードである150語／分をクリアできている。

　もちろん、現時点でこのスピードをクリアできていなくても気にすることはない。大事なことは、目標を意識することだ。意識してトレーニングするほど、変化は早い。

表47　速読チェック

It can be quite a challenge to evaluate employee performance. Often one manager's evaluation is quite different from another's. Managers can also hold grudges or have personality clashes with employees. These employees may be doing good work, but the chemistry between the two parties may not be good.

従業員の業績を評価するのは、かなり難しいことがあります。あるマネージャーの評価が、他のマネージャーの評価とまったく違うことはよくあります。マネージャーが従業員に対して、恨みを持つか、感情的に対立することもあります。これらの従業員は良い仕事をしているかもしれませんが、両者の相性が良くないのかもしれません。

表48　速読スピード

1回目 48語 ÷ (　　　) 秒 × 60 = (　　　) 語／分

2回目 48語 ÷ (　　　) 秒 × 60 = (　　　) 語／分

目標スピード　　ネイティブスピーカーレベル　300語／分
　　　　　　　　　860点レベル　　　　　　　　250語／分
　　　　　　　　　730点レベル　　　　　　　　200語／分
　　　　　　　　　600点レベル　　　　　　　　150語／分
　　　　　　　　　470点レベル　　　　　　　　100語／分

では、会話文のときと同じように、前頁の日本語訳（[表47]）を黙読して、「誰が」「どこで」「何を」しているかを想像できるか、試してみよう。

　先ほどの会話文では、どんな人が話しているか（Who）、どこで話しているか（Where）、何を話しているか（What）を想像することが比較的容易だったが、説明文では、「想像するのが難しい」と感じたはずだ。その理由は、会話文では話している場面が固定されているが、説明文では場面（絵）が展開していくことにある。いってみれば、会話文は舞台上での演技、説明文は映画だ。

　だから、「従業員の業績を評価する」から、勤務状況を査定している様子。「他のマネージャーの評価とまったく違う」から、2人のマネージャー。「従業員に対して、恨みを持つ」から、怒っているマネージャー。「感情的に対立」から、喧嘩しそうな上司と部下。「従業員は、良い仕事をしている」から、一生懸命働いている様子。「両者の相性が良くない」から、気まずそうな2人といった具合に、イメージを展開する必要がある。

　また、展開する場面にあわせて、次々にイメージを浮かべる必要がある。話の筋を見失うと、とたんにイメージできなくなるから要注意だ。スピードに乗ってイメージを展開できる力（＝映像化できる力）を目指して、トレーニングしよう。

　トレーニングを始める前に、「語彙チェック」をする。やり方は先ほどと同じだ。[表49]の「英文」と「日本語訳」を見比べて、意味がわからない単語に下線、該当の日本語訳を○で囲む。チェックが終わったら、「語句」の欄も確認する。くり返しになるが、このあとのトレーニングで意味は自然に定着するので、覚えようとする必要はない。

表49 語彙チェック

It can be	ことがあります
quite a challenge	かなり難しい
to evaluate	評価するのは
employee performance.	従業員の業績を。
Often	よくあります
one manager's evaluation	あるマネージャーの評価が
is quite different	まったく違うことは
from another's.	他のマネージャーの評価と。
Managers	マネージャーが
can also hold grudges	恨みを持つこともあります
or have personality clashes	あるいは、感情的に対立することも
with employees.	従業員と。
These employees	これらの従業員は
may be doing good work,	良い仕事をしているかもしれません、
but the chemistry	しかし、相性が
between the two parties	両者の
may not be good.	良くないのかもしれません。

語句

quite「かなり」。challenge「困難なこと」。evaluate「～を評価する」。employee「従業員」。performance「業績」。evaluation「評価」。be different from「～と異なる」。another's「もう1人のもの」。grudge「恨み」。personality clashes「感情的な対立」。do good work「良い仕事をする」。chemistry「相性」。between the two parties「両者間の」。

6 サイトラ

　続いて、基本構文（[表50]）を音読しよう。手順はP.82と同じだが、念のために確認しておこう。①日本語訳を黙読して場面をイメージ。②英語を確認。この際、なぜこういう英語になるのか疑問を感じたら、「解説」を読む。③CDをかけて、英語の音を確認。④音読。

　今回の基本構文は6つ。CDを一時停止させながら、①〜④の手順を1文ずつ行おう。音読は、口にリズムが馴染む感じを目標に、4〜5回が目安だ。単語の発音を気にしすぎずに、英語の強弱リズムを真似る。

　すでにお気づきのように、[表50]の基本構文には音法マークがない。これは、会話文と説明文の違いによる。会話文は話し手の気持ちが強く入る分、リズムの変化が大きく、音の変化も起こりやすい。一方、説明文は、状況や事実、意見などを、順序立てて説明する文のため、一定の強弱リズムが続き、音の変化は比較的起こりにくい。

　基本構文の音読がすべて終わったら、①難しく感じたもの（5文以内）に絞って音読筆写する。②さらに、音読筆写した中から、将来使ってみたい1文を厳選して、ポケットサイズのノートに記録していく（表現集）。

　これが本来のトレーニングの手順だが、先を急ぐ方は、ここでは「音読筆写」「表現集」を省略して、次のステップに進んでいただいても構わない。

表50　基本構文

1	従業員の業績を評価するのは、難しいことがあります。	It can be a challenge to evaluate employee performance.
2	あるマネージャーの評価は、他のマネージャーのものと違います。	One manager's evaluation is different from another's.
3	マネージャーが恨みを持つことがあります。	Managers can hold grudges.
4	マネージャーは、従業員と感情的に対立することがあります。	Managers can have personality clashes with employees.
5	これらの従業員は、良い仕事をしているかもしれません。	These employees may be doing good work.
6	彼らの相性が良くないのかもしれません。	The chemistry between them may not be good.

解説

1 It は、形式上の主語で、to evaluate employee performance が意味上の主語。employee performance「従業員の業績」。
2 be different from:「~と異なる」。another's のあとに evaluation が省略されている。
3 hold grudge(s):「恨みを持つ」。
4 personality clash:「性格の不一致」。
5 do good work:「良い仕事をする」。
6 chemistry:「相性」。

ここまでは、「音を絵にする」（⇒語彙力がつく）、「表現をリズムにする」（⇒文法力がつく）コツを活かしたトレーニングの復習だった。いよいよ「スピードを映像にする」（⇒直読直解力がつく）コツを活かしたトレーニングに入る（[表51]）。

　直読直解ができるようになるためには、英文を見た際に、リズム（表現）で自然に区切れるようになる必要がある。リズム（表現）で英文が区切れれば、日本語に訳したり、戻り読みをしたりせずに、英文を瞬時に理解できる。

　まずは、[表52]の英文をスラスラ音読できるか、試してみて欲しい。

　いかがだっただろうか？　スラスラとまではいかないまでも、ある程度ラクに音読できて、英文の意味もある程度理解できたはずだ。これが、ここまでのトレーニングの成果だ。しかし、さらにスピードを上げる必要がある。スピードを上げるために、リズム（表現）単位で絵を浮かべる練習「サイトラ」をしよう。

　練習の手順はこうだ。①しおりなどで日本語訳を隠し、英文を1行だけ音読する。②頭に浮かんだイメージを、日本語にして話す。③しおりを下にずらして、日本語訳を確認する。④この作業を1回ずつ、すべての行で行う。

　頭に浮かんだイメージを日本語にして話すのは、イメージが浮かんでいる（意味がわかっている）ことを確認するためだ。掲載の日本語訳と一字一句同じになる必要はない。また、イメージするのが難しい部分もあるから、すべてのイメージがわかなくても気にしなくていい。なお、日本語にして話すのが難しいと感じた人は、1行ごとに、英文⇒日本語訳の順で、イメージをわかせながら音読するだけでも構わない。

表51　トレーニングの目的「スピードを映像にする」

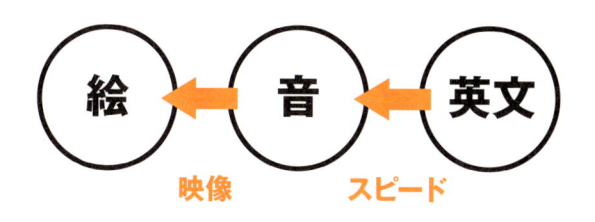

絵 ← 音 ← 英文

映像　　スピード

表52　サイトラ（サイト・トランスレーション）

It can be	ことがあります。
quite a challenge	かなり難しい
to evaluate	評価するのは
employee performance.	従業員の業績を。
Often	よくあります
one manager's evaluation	あるマネージャーの評価が
is quite different	まったく違うことは
from another's.	他のマネージャーの評価と。
Managers	マネージャーが
can also hold grudges	恨みを持つこともあります
or have personality clashes	あるいは、感情的に対立することも
with employees.	従業員と。
These employees	これらの従業員は
may be doing good work,	良い仕事をしているかもしれません、
but the chemistry	しかし、相性が
between the two parties	両者の
may not be good.	良くないのかもしれません。

第3章　今日から始める「英語トレーニング」

7 速音読

　リズム（表現）単位でイメージをわかせたら、いよいよスピードを上げる。その方法は「速音読」（そくおんどく）だ。

　先ほど「サイトラ」した英文を、スピードを上げて音読する。頭にイメージを浮かべることを意識する必要はない。英文一行をひと息（ひとかたまり）のリズムで読む気持ちで、一気に音読する。

　スピードを意識するために、秒数の計れる時計を使って、英文（[表53]）の速音読に何秒かかるか測定しよう。音読が終わったら、[表54]の1回目に秒数を記入して、「速音読スピード」を計算。ネイティブスピーカーの音声スピードは150語〜200語。TOEICテストのリスニングも、このスピードだ。このスピードを超えることを目標に、速音読スピードを上げていこう。

　繰り返しになるが、英文1行（＝表現）をひと息（ひとかたまり）のリズムで読むことを心がけ、目を一気に下へ送っていくことがポイントだ。発音が不正確になる気がするかもしれないが、このトレーニングでは、スピードを上げることを優先する。ここに注意して、速音読の2回目、3回目を行い、[表54]に秒数を記入、スピードを計算しよう。

　いかがだっただろうか？　徐々にスピードが上がり、ネイティブスピーカーの音声スピードに近づくことができたはずだ。なお、速音読は非常に負荷の高いトレーニングなので、4回目以降は逆にスピードが落ちる。3回で止めておこう。

表53　速音読

It can be	ことがあります。
quite a challenge	かなり難しい
to evaluate	評価するのは
employee performance.	従業員の業績を。
Often	よくあります
one manager's evaluation	あるマネージャーの評価が
is quite different	まったく違うことは
from another's.	他のマネージャーの評価と。
Managers	マネージャーが
can also hold grudges	恨みを持つこともあります
or have personality clashes	あるいは、感情的に対立することも
with employees.	従業員と。
These employees	これらの従業員は
may be doing good work,	良い仕事をしているかもしれません、
but the chemistry	しかし、相性が
between the two parties	両者の
may not be good.	良くないのかもしれません。

表54　速音読スピード

1回目 48語 ÷ (　　　) 秒 × 60 = (　　　) 語／分

2回目 48語 ÷ (　　　) 秒 × 60 = (　　　) 語／分

2回目 48語 ÷ (　　　) 秒 × 60 = (　　　) 語／分

- -

目標スピード　　150語／分 ～ 200語／分

第3章　今日から始める「英語トレーニング」

では、CD（トラックNO.50）を一度だけ聞いて、どの程度理解できるか（音を絵にできるか）試してみよう。

　いかがだっただろうか？　1回目と比べた変化に驚いたかもしれない。英文が単語単位でなく、リズムで聞き取れ、ところどころイメージがわく。そして何より、スピードがゆっくりになった気がする。まだ映画のようにクリアではないものの、速かった英語のスピードが、映像に変化しつつある。

　速読スピードも測定しよう。P.93[表47]の改行されていない英文を速読（黙読）し、読み終わるのに何秒かかるか測定する（ここでは、黙読なので注意）。読み終わったら、P.93[表48]の2回目に秒数を記入して、「速読スピード」を計算する。

　いかがだっただろうか？　「サイトラして、速音読する」（[表55]）と、英文がリズム（表現）で改行されていなくても、声に出さない黙読でも、目がリズム（表現）で区切って英文をとらえ、日本語に訳さずに理解できたはずだ。その結果として、600点突破に必要なリーディングスピードである150語／分をクリアし、ネイティブスピーカーのレベルに近づいている。

　もちろん、練習した英文と違う英文を聞いても、読んでも、練習したリズム（表現）が登場する部分は、同じように処理できる。これを増やしていけばいい。

　[表56]は、川島隆太教授に教えていただいた速音読の効果だ。普通に音読するだけでも脳の70％の領域が活性化するが、音読スピードを上げれば、より強い電気信号が送られ、定着度が増す。「音を絵にする」「表現をリズムにする」「スピードを映像にする」の3つのコツを活かしたトレーニングを継続すれば、誰でも英語回路を作れる（[表57]）。

表55 トレーニングの方法「サイトラして、速音読する」

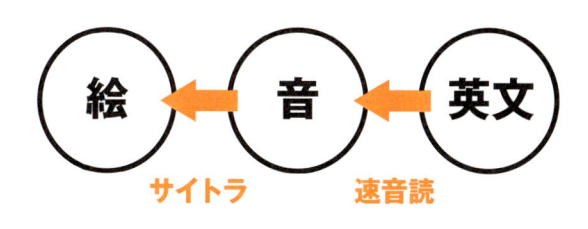

絵 ← 音 ← 英文
サイトラ　速音読

表56 速音読の効果

①記憶力が良くなる
②忘れた英語を思い出す
③「速読力」「速聴力」がつく

表57 英語回路

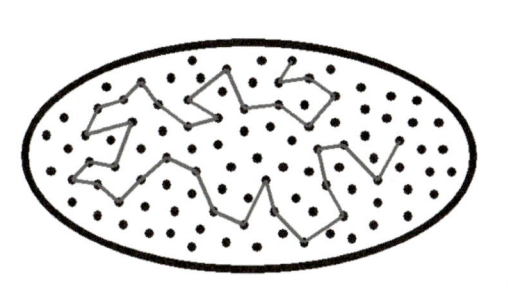

大量の情報をネットワークして、英語回路を作る。

※この図は、著者が作成したイメージ図です。

第3章 のポイント

★トレーニング開始時と終了時

トレーニング前後の変化を測定する
- リスニングチェック
- 速読チェック

★トレーニングの手順

① 「音を絵にする」トレーニング
- 語彙チェック
- 基本構文の音読

⬇

② 「表現をリズムにする」トレーニング
- 音読筆写（5文以内）
- 表現集作り（1文）

⬇

③ 「スピードを映像にする」トレーニング
- サイトラ（1回）
- 速音読（3回）

第 4 章

「学習バランスとペース」が継続の鍵

これなら続けられる「英語トレーニング」

　第3章で体験いただいた「英語トレーニング」は、いかがだっただろうか？

　私は、英語トレーニングを始めるきっかけになった、千田潤一先生の講演会の中で、初めて「音読筆写」を体験して、英文が口からスッと話せるようになったときの感動を、18年たった今でも覚えている。

　その日からトレーニングを始めたが、我流でトレーニングしていた。どんな英文を使って、音読や音読筆写をしたら良いか、何回行ったら良いか、どの組み合わせと順番が一番効果的か、よくわかっていなかった。

　もちろん、現在はトレーニング方法が確立されている。講演・セミナーでトレーニング方法を確認することもできるし、専用のテキストもある。だから、安心してトレーニングを始められる。しかし、それでも継続できるか不安な人は多い。

　何のことはない、私自身も非常に不安だった。もともと、熱しやすく冷めやすいタイプで、やる気になれば集中するが、コツコツと継続するのが苦手だったのだ。

　それが、18年間続いている。プロになるまでの期間だけでも、仕事と両立しながら7年間のトレーニングを継続することができた。

　第4章では、その当時の経験も交えながら、継続のための鍵「学習バランスとペース」を紹介していこう。

第4章 「学習バランスとペース」が継続の鍵

1 目標達成の
ルートマップを描く

　29才のとき、海外出張でカナダに出かけた。中学・高校・大学と英語が大の苦手で、社会人になってまで英語の学習をする気はなかったし、海外に出かけるつもりもなかった。だから、このときパスポートを初めて手にした。それでも、海外出張の直前に、焦って詰め込んだカタコトの表現が通じたとき、「英語の才能があるかもしれない」と思ったりした。

　帰国して、TOEICテストを受験した。**スコアは335点だった**。やっぱり、才能などなかった。

　それでも、「相手の言っていることがさっぱりわからない悔しさ」と、「ちょっとでも通じたときの気持ち良さ」を思い出して、これを機会に「新しい自分に出会いたい」という気持ちが高まった。そんなとき、会社で千田先生の講演を聞いた。「英語はトレーニング、スポーツだ」「目的と目標を明確にする」「自己責任と積極思考」「3ケ月で変化、3年で結果」など、**力強い言葉が胸に響く。**

　私には、「英語トレーニングで、人生を豊かにしよう」と**いうメッセージに聞こえた。**

　リクツではない、何か迫力のようなものに背中を押されて、人生で初めて、自分の意思で英語学習を始めることにした。

　こうして私の「新しい自分に出会う旅」がスタートした。だが、その当時の私には目的地までの地図がなかった。だから、試行錯誤でルートマップを見つけていった。

表58　目標を明確にする

860　マネジメント
730　プロジェクト
600　海外出張
470　国内業務

470点 ⇨ **国内業務レベル**
（英語使用度5％未満）
海外からの訪問客の対応、Eメールへの返信など

600点 ⇨ **海外出張レベル**
（英語使用度10％未満）
海外への短期出張、英語ミーティングへの参加など

730点 ⇨ **プロジェクトレベル**
（英語使用度30％未満）
海外への長期出張、外国人とのプロジェクトに参加、英語での打ち合わせなど

860点 ⇨ **マネジメントレベル**
（英語使用度30％以上）
海外駐在、外国人との複雑な交渉、外国人の部下の指導など

これから始める皆さんには、すでに目標達成のルートマップがある。これを使って自身の旅を思い描くには、まず目標地点を明らかにすることが必要だ。昇進基準で必要なスコアがあるという人も、それが旅のゴールとは限らない。前項の[表58]を参照して、**3年後に到達したい英語レベルを考えて欲しい。**

　目標の到達レベルがイメージできたら、それをTOEICスコアに置き換える。大事なのは、英語を使って活躍している自分の姿と、スコアをリンクさせることだ。このリンクが強ければ、目標達成のエネルギーが続く。目標が単なる数字（スコア）では、長期間の学習を継続することが難しい。

　自分の時間を投資する自己学習は、得られる結果（目標）が自分にとって魅力的であればあるほどいい。たとえ、その目標が300点⇒730点でも、200点⇒860点でも構わない。言語学習に不可能はない。人間は、言語を習得できるようにできている。**一番ダメなのは、自分でできないとイメージすることだ。脳にできないイメージを作れば、できるものもできない。**

　目標がイメージできたら、自分の英語力が伸びていく過程を思い描く。それが、「目標達成のルートマップ」[表59]だ。

　ルートマップがない学習は、地図のない登山と同じだ。登っているのかどうかわからず不安になり、立ち止まって学習を中止するか、迷子になって新しい教材や方法に手を出す。

　本書のトレーニングを実践すると、ルートマップのように英語力が伸びていく。860点を超え、900点を突破することだって可能だ。だんだんと見晴らしが良くなっていく景色を楽しむ登山と同じように、英語が使えるようになっていく体感の変化が待っている。このプロセスが英語学習の醍醐味だ。

表59 　**目標達成のルートマップ**

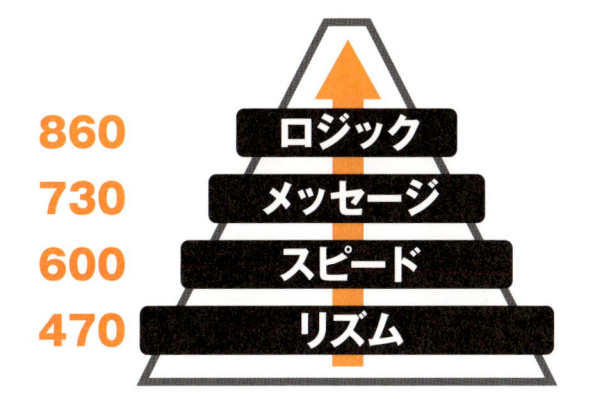

- 860　ロジック
- 730　メッセージ
- 600　スピード
- 470　リズム

470点 ⇨ リズムが身につく
英語の強弱リズムが身につき、聞き取れる会話文が増える。簡単な質問に応答できる。

600点 ⇨ スピードが身につく
直読直解が身につき、長文のリスニング・リーディングがラクになる。簡単な質問が自分からできる。

730点 ⇨ メッセージが身につく
英語表現がリズムとして身につき、話す・書くのがラクになる。ミーティングで発言できる。

860点 ⇨ ロジックが身につく
身についた表現を組み合わせて、意見をまとめるのがラクになる。ディスカッションで説得できる。

第4章　「学習バランスとベース」が継続の鍵

2 学習バランスを重視する

　千田先生の講演の中に、"Language is sounds." 「言葉は音だ」という言葉があった。この言葉の意図を勘違いした私は、とにもかくにも英語を聞いた。携帯プレーヤー（当時はカセット）を常に持ち歩き、イヤホンを耳にはめ、英語の音で鼓膜を揺らした。そう、実は、ほとんど意味がわかっていなかった。

　意味がわかっていない英語を聞いても、ほとんど意味がないことに気づいたのは、10年も経ってからだった。

　当時の私のトレーニングは、すべてがこの調子だった。「学習者向け洋書」が良いと聞けば、意味がわからなくとも、根性で先に進め、睡魔と闘う。

　単語は文で覚えるのが良いと聞けば、難しい単語を組み合わせて作られた人工的な英文を、やみくもに音読筆写する。しかし、必死に覚えたはずの英文を一度も使った記憶がない。ネイティブスピーカーがよく使うリズムの良い英文でトレーニングすべきだった。

　自分の失敗を他人のせいにするわけではないが、**英語学習者は、「○○するだけで」という宣伝や情報に惑わされやすい。しかし、どんなに効果的な方法でも、○○だけで英語力が飛躍的に伸びることはない。** 腹筋だけで、サッカーがうまくなるはずがないのと一緒だ。

　スポーツでも、英語学習でも、大事なのはバランスの良いトレーニングだ。学習バランスが良いほど、伸びが大きくなる。

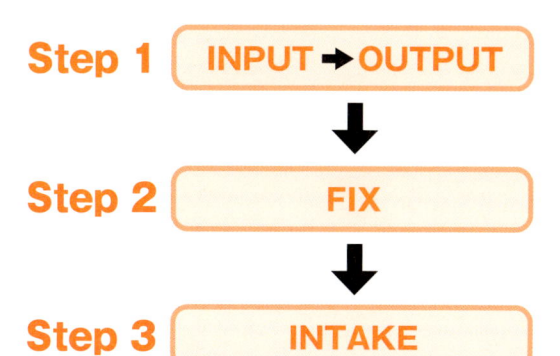

表60　定着の3ステップ

Step 1　INPUT → OUTPUT

↓

Step 2　FIX

↓

Step 3　INTAKE

Step 1 ⇨ OUTPUTを意識して、INPUTする
INPUTの器官（耳・目）だけでなく、OUTPUT（口・指）を使いトレーニングし、より多くの脳神経細胞をネットワークして、情報を取り込む。

Step 2 ⇨ 接触頻度を増やし、FIXする
忘却曲線に逆らうタイミングで、同じ情報に単純に接触する頻度を増やし、壊れない脳内ネットワーク（高速道路）を作る。

Step 3 ⇨ 実践的な接触機会を作り、INTAKEする
トレーニングしていない英文に実践的に接触し、蓄積した情報を使って理解したり、考えを発信したりすることで、情報を自分の思考に取り込む。

第4章　「学習バランスとペース」が継続の鍵

バランスの良いトレーニングには、情報を「インプットする」だけでなく、「アウトプットする」「フィックスする」「インテイクする」という「定着のステップ」を作り出すことが必要だ。別な言い方をすれば、「知的記憶から運動記憶へ」「短期記憶から長期記憶へ」「知識から知恵へ」の転換をはかるシステムを作り、情報を「わかるレベルから、使えるレベルへ」変えてやることが必要だ（[表60]）。

　トレーニングの際に、英語の表現を「聞く・読む」だけではほとんど定着しない。「話す・書く」レベルまで負荷を上げてトレーニングする必要がある。しかし、それでも忘れる。だから、何度も同じ表現に触れることで、忘れないようにする必要がある。英語学習は、覚えることと同じ割合で、忘れないようにすることに時間をかける必要がある。

　しかし、これでも「掛け算の九九」を暗記しただけの状態と一緒で、まだ覚えた表現を使いこなせない。使いこなすには、初めて接する英文の中で同じ表現に出会って、それを理解した経験、さらにその表現を使って、自分の意見を述べた経験が必要だ。これによって、その表現が自分の思考の一部に変わり、英語のまま考えられるようになっていく。

　トレーニングを始める際は、定着の3ステップの目的と方法に合致した教材や素材を準備する（[表61]）。

　Step 1の目的と方法は、第3章で確認した通り。これに適した教材は、**「英文（本文・サイトラ・基本構文）、日本語訳、語彙文法解説、音声CDの揃ったテキスト」**だ。第3章の英文形式を参考にして、テキストを探そう。100%同じ形式でなくても構わない。なお、Step 2、3の方法は、このあと解説する。

表61　学習バランス

Step 1 → テキスト

⬇

Step 2 → テキスト付属CD

⬇

Step 3 → 英語素材、練習問題、リアルコミュニケーション

Step 1 ⇨ **テキスト**
英文（本文・サイトラ・基本構文）、日本語訳、語彙文法解説、音声CDの揃ったテキストで、「INPUT → OUTPUT」の基本トレーニングを行う。

Step 2 ⇨ **テキスト付属CD**
Step 1で使用したテキストの付属CDを使い、「音を絵にする」「表現をリズムにする」「スピードを映像にする」の復習トレーニングを行う。

Step 3 ⇨ **英語素材、練習問題、リアルコミュニケーション**
英語素材、練習問題、会話などで、初めて接する英文に対して、「蓄積した情報を使って理解する」、「考えを発信する」実践トレーニングを行う。

第4章　「学習バランスとペース」が継続の鍵

3 平日のライフスタイルを改造する

　多くの社会人にとって、英語学習で一番難しいのは、平日に学習時間を作ることだろう。私の場合は、片道2時間、往復4時間の電車での通勤時間を使った。当時は、埼玉から都心を通って、八王子方面へ通勤していた。だから、都心へ向かう混雑した電車の中ではリスニング、都心から八王子方面へ向かう座れる電車の中ではテキストを開いた。

　自分の置かれた環境の中で、最大限の工夫をすることが、社会人にとっての英語学習のポイントかもしれない。しかし、学習バランスが悪ければ、伸びに時間がかかる。

　私の場合は、テキストを開いても、やはり周囲が気になって、あまり音読していなかった。つまり、アウトプットを意識して、インプットできていなかった。

　さらに、テキストとは別の音声（当時はカセット）を聞いており、復習での接触頻度が少なく、フィックスしていなかった。だから、伸びに時間がかかった。

　それでも、平日に時間が作れていたのは良かった。平日に時間を作るのが難しいから、休日にまとめて学習しようと考える人もいるが、成功率は高くない。土日の2日間で学習したことを、平日の5日間で忘れてしまう。

　しかも、体力的にも精神的にも疲労している休日に、まとめて学習するには、強い意思の力が必要だ。**意思の力に頼った学習は、短期間なら良いが、長期間の継続が難しい。**

表62　平日の生活にトレーニングを組み込む

テキスト ＋ 携帯プレーヤー

テキスト付属CDの音声をダウンロード。

音読したものを聞く・口ずさむ。

集中30分　　移動30分

平日60分

①集中30分 ⇨ テキストを使ったトレーニング

自宅で朝30分、通勤途中のカフェで30分、会社の机で始業前の30分、会議室で昼休みに30分、自宅で夜30分など、「テキストを使ったトレーニング」は、音読や音読筆写など第3章で紹介のトレーニングができる（＝集中できる）場所と時間を決めることがポイント。

②移動30分 ⇨ テキスト付属CDを使ったトレーニング

通勤途中の電車で30分、通勤途中に歩きながら30分、通勤途中の車で30分など、「テキスト付属CDを使ったトレーニング」は、移動しながら（＝ながらでできる）場所と時間でOK。

第4章　「学習バランスとペース」が継続の鍵

長期間の継続には、仕事がメインの平日に、トレーニングを組み込んだライフスタイルを作る必要がある（[表62]）。いってみれば、「ワーク・トレーニング・バランス」だ。

　そのポイントは、テキストを使ったトレーニングができる場所と時間、つまり「集中できる場所と時間」を決めること。音読や音読筆写などを集中して行える場所がベストだ。集中できれば、時間は30分でいい。

　ちなみに、長期間の継続ができている人に聞くと、「自宅で朝30分」が一番多い。最初は早起きが辛いが、一度定着すると、邪魔が入らず習慣化できる。逆に、習慣化が難しいのは、「自宅で夜30分」だ。残業、飲み会、疲れて休みたいなどの誘惑が日々待っている。意思の強さには自信があるという人は別として、一般的には、朝か昼休みが続けやすい。思い切って、これを機会にライフスタイルを改造してしまうのも手だ。

　自宅でトレーニングするのは、家族の目が気になる。あるいは、昼休みにトレーニングするのは、職場の同僚や部下の目が気になるという人もいるだろう。そんなときは、コソコソやらずに、「英語学習を始めることにした。ヘタクソな音読が聞こえても、大目に見て欲しい」と宣言してしまえばいい。応援してくれるかもしれないし、一緒に学習を始める人が出てくるかもしれない。少なくとも、邪魔はされない。

　テキストを使ったトレーニングの場所と時間が決まったら、あとは簡単だ。テキスト付属CDを使ったトレーニングは、移動中の「ながらでできる場所と時間」でいい。

　「流し聞き」「リピーティング」「シャドウイング」で、復習での接触頻度を増やし、情報をフィックスしよう（[表63]）。

表63 テキスト付属CDを使ったトレーニング

①流し聞き ⇒ 音を絵にする

テキストを使ってトレーニングした「英文」を、集中せずに聞き、内容を自然に理解する。初めて聞く英文を、内容が理解できずに聞き流す、「聞き流し」ではないことに注意。ラジオで日本語のニュースなどを聞いているときの感覚で、自然に「音を絵にできる」ことがポイント。聞こえるようになった英文を、また聞くことで、定着する。

②リピーティング ⇒ 表現をリズムにする

テキストを使ってトレーニングした「基本構文」(P.83)を、英文が流れた（聞こえた）あとで口ずさむ（リピートする）。音読しただけの基本構文をリピートするのは難しいが、音読筆写までした基本構文はリピートできる。話せるようになった基本構文を、また話すことで、定着する。なお、小声か、実際には声に出さない口パクでも、一度音読したことのある英文であれば、脳の音声領域が反応するから、効果がある（③も同様）。

③シャドウイング ⇒ スピードを映像にする

テキストを使ってトレーニングした「英文」(P.79)を、英文が流れる（聞く）のにあわせて、わずかに遅れながら、口ずさんでいき（リピートしていき）、影（shadow）のようについていく、難易度の高いトレーニング。いきなりは難しいが、①②のトレーニングを繰り返した英文でチャレンジすると、徐々にできるようになる。慣れてきたら、内容をイメージしながら（映像にしながら）、シャドウイングすることで、より定着する。

第4章「学習バランスとペース」が継続の鍵

4 休日のイベントを企画する

　仕事がメインの平日は、集中して英語学習に使える時間は、せいぜい30分。だから、**何をどんな手順でトレーニングするかが明確に決まっていないと、時間のロスが多すぎて、脳に何も定着しない**。平日は、スポーツの基礎トレ同様に、毎日決まったメニューでトレーニングするのがいい。

　しかし、休日も同じトレーニングでは、飽きてしまう。

　脳は、基本的に新しいことが好きだ。せっかくの休日なのだから、英語学習にも変化をつけよう。

　私は、学習を始めた当時、毎週レンタルビデオ店に出かけて、土日で各1本、合計2本の洋画を見ていた。さまざまなジャンルの洋画を見たが、筋が追いやすくて、比較的わかりやすかったのはラブストーリーだ。アクションものも筋を追いやすいのだが、カーチェイスなどが多く、話している時間があまりない。

　その当時のレンタルビデオは、DVDではなくカセットで、「英語音声＋日本語字幕」か「日本語吹き替え」しかなかった。

　もちろん、「英語音声＋日本語字幕」を借りたが、日本語字幕を見てはいけない気がして、TV画面の日本語字幕の位置に紙を貼って見ていた。

　いくらラブストーリーの筋が追いやすくても、知らない表現はやはり聞き取れない。聞き取れないと眠くなる。結局、せっかくの休日に、ビデオを見ながら、睡魔と闘っていた。

| 表64 | 休日の学習を企画する |

英語素材

テキスト ＋ 携帯プレーヤー ＋ 平日60分

1. 休日は、テキストは開かない。
   英語素材を楽しむ日と割り切る。

練習問題

テキスト ＋ 携帯プレーヤー ＋ リアルコミュニケーション

休日60分

2. 基礎力がついてきたら、力試し。
   練習問題やリアルコミュニケーションに
   チャレンジ。

第4章 「学習バランスとペース」が継続の鍵

もちろん睡魔と闘っても、英語力はつかない。休日の英語学習は、もっと楽しいものがいい。ワクワク楽しんでいるときは、ものすごく集中しているから効果も高い。では、楽しむためにどうするか？　ここで大事になるのが、平日に基礎力をアップして、休日は実践力をアップする発想だ（[表64]）。

　たとえば、洋画を見るなら、無理をせず、「英語音声＋日本語字幕」で日本語字幕をしっかり見ながら、内容を楽しむ。日本語字幕を見ていても、耳は英語音声を聞いているから、学習した表現が耳に飛び込んでくる。脳に蓄積された情報を使って、初めて接する英文が理解できるのだ。しかも、その表現をどんな場面で使うのかが、目に焼き付く。いってみれば、海外で英語がわかったときの喜びを、自宅で味わえるということだ。

　まだトレーニングを始めたばかりで、基礎力が足りないという人には、洋楽がおすすめだ。「曲（CDなど）」「英語歌詞」「日本語訳（日本語歌詞）」の３つを用意して、日本語で意味を理解したあと、英語の歌詞を、CDにあわせて歌えるまで、口ずさむ。３曲程度、カラオケで歌えるくらいに練習すれば、英語の強弱リズムがかなり身につく。もちろん、歌詞に含まれている英語の表現も身につくから、一石二鳥だ。

　基礎力がついてくると、「力試し」をしたくなる。そのときが、TOEICテスト練習問題や、ネイティブスピーカーとのリアルコミュニケーションにチャレンジするタイミングだ。

　練習問題を使う際は、解けない問題があることを気にするのではなく、自分の正答率と正答率目標（P.15）を比較しよう。リアルコミュニケーションの際も、できなかったことよりも、わかったこと・通じたことを楽しもう。

表65 英語素材を使ったトレーニング

①洋楽（曲＋英語歌詞＋日本語訳）⇒ リズム強化

英語歌詞と日本語訳を比較して意味を理解したあと、曲を聞きながら、英語歌詞を見て、音法（P.23）をチェックする（音がつながる部分に○印、消える部分に下線など）。音法に注意して音読したあと、曲にあわせて歌う。カーペンターズ、ビートルズなど、70年代、80年代のポップスが歌いやすい。

②洋画（英語音声＋日本語字幕）⇒ リスニング強化

英語音声＋日本語字幕で、洋画を見る。日本語字幕をしっかり見て、ストーリーを楽しんで構わない。それでも、学習した表現が耳に飛び込んでくる。毎週続けていると、飛び込んでくる表現の頻度が多くなってくることが自信になる。

③洋画（日本語音声＋英語字幕）⇒ リーディング強化

②の応用編。DVDで、日本語音声（吹き替え）＋英語字幕にして、洋画を見る。日本語音声をしっかり聞いて、ストーリーを楽しんで構わない。日本語音声を助けに英文を読むことで、速読スピードを上げる練習になる。

④学習者向け洋書 ⇒ リーディング強化

学習者向けに使用語彙数が制限された本を読む。ポイントは、直読直解の練習（速読スピードを上げる練習）と割り切って、易しい本（使用語彙数の少ない本）から始めること。休日のトレーニングとして、自宅やカフェで読むのも良いが、通勤時間に毎日10分から、読む習慣を作るのがおすすめだ。リスニングと比べて、リーディングのトレーニングはおろそかになりやすい。仮に1日10分のリーディングでも、150語／分のスピードなら、1日1,500語、1ケ月45,000語、1年540,000語も読める。

第4章「学習バランスとペース」が継続の鍵

5 学習ペースを作る

　ここまで、毎日60分の学習を前提として、学習バランスを説明してきた。もちろん、トレーニングに慣れてきたら、もっと多くの時間を学習に充てても構わない。

　毎日60分は、やり直し英語学習のスタート時の目安だ。

　これなら、相当に忙しい社会人でも実践できる。そして、毎日60分でも、学習バランスが良ければスコアアップの理論値に近づくことができ、3年で大きな目標を達成できる（P.39）。

　しかし実際には、60分の学習時間が取れない日がある。私が英語学習を始めたのは、職場でマネージャーになってからだった。マネージャーともなれば、部下の相談に乗ったり、上司からの急ぎの仕事に対応したりと、なかなか時間が思い通りにならない。残業はもちろん、通勤電車内での資料の読み込みや、自宅で持ち帰り仕事をせざるを得ないこともある。しかも、目標とする数値が年々高くなり、仕事は忙しくなっていく。

　そこで始めたのが、トレーニング時間を記録することだった（[表66]）。最初のうちは、何となく記録していた。

　しかし、何となくでも記録していると、累積時間が増えていく。不思議なもので、累積時間が増えてくると、欲が出てくる。忙しくて時間が取れない日でも、移動時間や待ち時間に、5分でも10分でもトレーニングして、記録するようになる。

　すると、何もしていない5分、10分が時間の無駄使いに思えてくる。

　意識をしなければ、時間はすぐに過ぎる。意識をすれば、時

表66 トレーニング内容と時間を記録する

記録例

テキスト&付属CD	その他のトレーニング	カウントダウン
・Round1(**30**)(　)	・　　(　)(　)	3ヶ月の目標時間
・CD　(**15**)(**15**)	・　　(　)(　)	**100**時間
・　　(　)(　)	・　　(　)(　)	今日の合計時間
小計　**1**時間　　分	小計　　時間　　分	**1**時間　　分
・Round2(**30**)(　)	・洋書(**30**)(　)	目標までの残時間
・CD　(**15**)(**15**)	・　　(　)(　)	**99**時間　　分
・　　(　)(　)	・　　(　)(　)	今日の合計時間
小計　**1**時間　　分	小計　　時間　**30**分	**1**時間 **30**分

記録方法

①テキスト&付属CD ⇨ **Step1、2のトレーニング**

「テキストを使ったトレーニング」「テキスト付属CDを使ったトレーニング」の時間(分)を記録する。

②その他のトレーニング ⇨ **Step3のトレーニング**

「英語素材を使ったトレーニング」「練習問題、リアルコミュニケーションによる力試し」の時間(分)を記録する。

③カウントダウン

「3ケ月の目標時間」を記入し、そこから「今日の合計時間」を引き、「目標までの残時間」をカウントダウンしていく。

間の密度が高まる。意識をするだけで、10％や20％は仕事を速くこなすことができる。これだけでも1日30分、英語だけに集中する時間を生み出せる。移動時間や待ち時間にもう30分、ながらで英語に触れる時間を作れば、合計60分だ。

　もちろん、物理的な時間の制限とは別に、精神的に仕事だけに集中したいときや、疲れて英語に触れたくないとき、同僚や部下と飲みたいときもある。そんなときは、「今日は英語を休む」と決めて、英語に触れないほうがいい。

　無理に英語に触れようとして、やっぱりできないと、自分がダメなヤツに思えてきて、心が折れる。自分で英語学習への拒否反応を強めて、英語学習を辛いものにしてはいけない。

　とはいえ、英語学習を休んでばかりいると遅々として累積時間が増えないから、トレーニング記録を見るのが嫌になる。記録を見なくなると、記録するのを止め、学習自体も止めてしまう。そうならないために、「学習ペースを作る」ことが必要になる。学習時間の平均が60分を上回るように、普段からトレーニング時間を貯金しておくなり、平日に休んだ分を休日に取り戻すなりして、学習ペースを作るのだ。

　毎日コンスタントにできない可能性が高い人ほど、トレーニング記録をつけないと、学習ペースを作れない。記録することで学習ペースを見える化すれば、ペースを維持しようとする意識と、乱れたペースを正常化しようとする努力が生まれる。

　学習ペースが確立すると、生活サイクルの中に英語学習が定着する。一度定着してしまえば、英語学習することが普通になり、特段の努力を必要としなくなっていく。

表67 トレーニング記録のコツ

①ダイアリーを用意する

記録用のダイアリーを用意する。仕事で使用しているダイアリーにメモしても良いし、専用のダイアリー『TOEICテスト英語学習ダイアリー』（丸善）も発売されている。これはカウントダウン方式（例：100時間→0時間）ではなく、時間を累積していく方式（例：0時間→100時間）だが、どちらの方式でも構わない。

②ダイアリーを持参する

トレーニングに意識を向かせることで、学習ペースを作るのが目的だから、ダイアリーを持ち歩き、面倒なようでも、トレーニングしたら、その都度記録する（＝時間を意識する）ことが大事だ。

③5分単位で記録する

トレーニング時間は、5分単位での記録がおすすめだ。5分単位で記録することで、5分、10分を大事にできるようになる。ちなみに、1日5分は、月に150分（2.5時間）、年に1,800分（30時間）、3年で5,400分（90時間）に相当する。

④休日に○印をつけ、イベントを記入しておく

変化をつけたい休日のトレーニングは、ある程度計画しておこう。具体的には、休日の日付に○印をつけ、項目欄に、英語素材名（例：洋楽、洋画、洋書など。可能であれば、タイトルも）などを記入しておく。一方、テキストと付属CDを使ったトレーニングが中心の平日は、何も記入しておかなくていい。

⑤進捗状況やバランスを確認する

カウントダウンの残時間（または累計時間）から進捗状況を確認する。また、バランスが取れているか（Step1、2、3ごとのトレーニング時間）を確認し、必要に応じて修正する。

6 四半期ごとに計画する

　がむしゃらにトレーニングをしていた頃、「量が質を作る」と思っていた。だから、わからなくとも耳に英語を入れ、根性で目を英文の先へ先へと進め、あまり役に立たない英文を音読筆写し、字幕を隠して洋画を見て、睡魔と闘っていた。

　確かに、量は質を作った。方法やテキストがベストでなくとも、指導者のもとでトレーニングしてかかる時間の3倍を費やせば、成果が出ることが証明できた。

　そして、今度は自分が指導者になった。「量が質を作る」では、お金はいただけない。自分でやっても、指導者のもとでトレーニングするのと同程度の時間で、成果を出すにはどうしたら良いか？　ポイントは、がむしゃらに時間をかけるのではなく、**意識的に質を高める**こと。もちろん、ある程度の時間（＝理論値の時間）は必要になる。つまり、「質×量＝成果」の方程式が答えだ（[表68]）。

　質を高めるには、第3章で紹介したように、1日30分で構わないから、テキストを使って密度の高いトレーニングを行うこと。トレーニングした情報を定着させるための学習バランスを保つことが必要だ。

　そして、量を確保するには、平日と休日のライフスタイルの中にトレーニングを組み込み、学習ペースを作ることが必要になる。「質を高める方法」「量を確保する方法」が理解できたら、あとは計画を立てて、実践に移すだけだ。

表68　成果の方程式

① 質 ≠ 成果 ×

質が高いだけでは、成果は出ない。

② 量 ⇨ 質 ＝ 成果 ○

質を気にしなくても、量が多ければ成果は出せる（量が質に変化する）が、時間がかかる。

③ 質 × 量 ＝ 成果 ◎

質を高めて、量を確保すれば、比較的早く成果が出る。

表69　英語学習のPDCA

1. Plan	①学習バランスとペースの検討 ②テキスト等と目標時間の決定
2. Do	トレーニングの実践
3. Check	①トレーニングの内容と時間の記録 ②TOEICテスト受験
4. Act	学習バランスとペースの見直し

第4章　「学習バランスとペース」が継続の鍵

しかし、計画（Plan）を立て、実践（Do）に移しても、続けられない人が多い。続けられない人を調べてみると、やはりトレーニングの内容と時間を記録していない。

　意識しなくても、常に英語に触れている海外とは違って、日本では意識しないと、ほとんど英語に触れることはない。記録することで、英語に意識を向けることが必要だ。

　記録をすると、当初の計画通りに実践できているか、常に点検・評価（Check）できる。あわせて、TOEICテストを受験すれば、成果を確認できる。このPlan-Do-Checkの仕組みに、Act（改善）を加えることで、「質×量＝成果」の方程式を維持することができる（[表69]）。具体的には、3ケ月ごとに「学習バランスとペース」を見直し、次の3ケ月の計画を立てる。

　何のことはない。英語学習で成果を出す方法は、仕事で成果を出す方法と同じだ。仕事のサイクルにあわせて、四半期（3ケ月）単位で、PDCAサイクルを回せばいい。ただし、3ケ月ではTOEICスコアアップに必要な時間数に達するのは難しいから、成果は決算同様に、年度（1年間）で確認する（[表70]）。しかし、成果が1年スパンでしか確認できないと、「このまま続けていて、ホントに成果が出るのか不安になる」という人もいるだろう。そこで大事になるのが、体感の変化だ。トレーニング時の体感の変化（P.79、P.93）と、練習問題やリアルコミュニケーションでの力試し（P.122）の際の体感の変化を確認することで、安心して継続できる。

　なお、最終的な目標の達成度（結果）は中期計画同様に、中期スパン（3年間）で判断する。英語学習は、「3ケ月で変化、3年で結果」が基本だ（[表71]）。

| 表70 | **TOEICテストの活用方法** |

①早期受験＆定期受験

TOEICテスト未受験の人は、最初のスコアは低くて構わないから、早めに受験して、現在地を確認しよう。そのあとは、3ケ月単位の受験がおすすめだ。伸びは、突然にやってくる。

②スコアは階段状に伸びる

スコアは、伸びるときは一気に50点〜100点くらい伸びるが、伸びないときは、誤差の範囲内（P.38）で変動する。

③成果の確認は1年スパンで

伸びにかかる時間はP.39の通りだが、1日60分の学習で、3ケ月後に50点上がるときもあれば、6ケ月後に100点、9ケ月後に150点上がるときもある。だから、3ケ月単位でTOEICテストを受験しつつも、スコアに一喜一憂してはいけない。

第4章 「学習バランスとペース」が継続の鍵

| 表71 | **3ケ月で変化、3年で結果** |

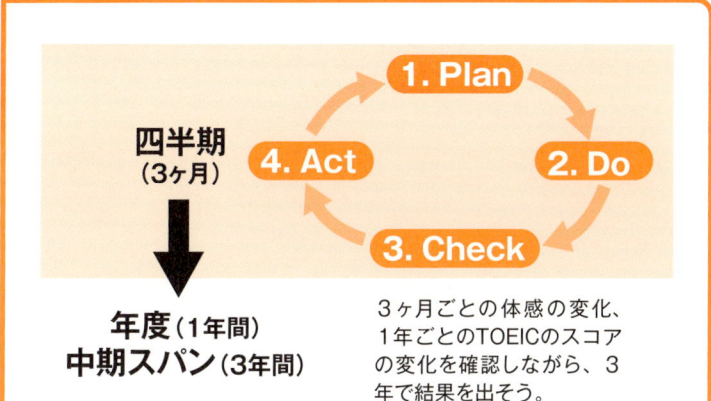

四半期（3ケ月）
1. Plan → 2. Do → 3. Check → 4. Act

↓

年度（1年間）
中期スパン（3年間）

3ケ月ごとの体感の変化、1年ごとのTOEICのスコアの変化を確認しながら、3年で結果を出そう。

7 プロセスを楽しむ

　英語学習を続けていると、スランプになることがある。スランプになると、英語学習をする気にならない。そして、スランプから脱出できないと、英語学習を止めてしまう。

　しかし、仕事でも、スポーツでも、スランプはつきものだ。生きていれば、誰にでもスランプはある。それが人生だ。だから、スランプは上手に乗り越えられたほうがいい。

　トレーニングを始めてすぐは、すべてが新鮮だ。それが、新しいことが自然にできるようになり、わかることが増えてくると、刺激がなくなり、マンネリになる。**変化がなくなり、成長のスピードがゆっくりになった、あるいはストップしたと感じている状態が、スランプの正体**だ。

　だから、スランプにならないようにするためには、「学習バランス」を保ち、テキストと付属 CD を使ったトレーニングだけでなく、英語素材を活用したり、力試しをしたりすること。記録をつけ、PDCA サイクルを回すこと。TOEIC テストを定期受験し、成果を確認することなどが大事だ。

　しかし、それでもスランプはやってくるかもしれない。なぜか？

　スコアアップには、レベルが上がるほど時間がかかるからだ（P.39）。私は、TOEIC 受験 2 回目で、335 点から 125 点アップして 460 点になった。「自分には、英語学習の才能があるかもしれない」と有頂天になった勢いで、650 時間トレーニングした。

表72 　　**タイプ別スランプの傾向と対策**

①すぐ脱力タイプ

「よし、やるぞ！」と、何かのきっかけで瞬間的にやる気が高まるものの、1週間もするとやる気が薄れてきて、高揚感の反作用で脱力感に襲われるタイプ。対策は、「英語学習に魔法はない」と観念し、学習バランスとペースをしっかり計画すること。

②無頓着タイプ

「まあ試しにやってみるか」くらいの気持ちで始めるが、目標がはっきりしておらず、記録もつけない。トレーニングの方法もフィーリング。自然にやる気もなくなって、フェードアウトするタイプ。対策は、目標を設定し、記録をつけ、自分と向き合うこと。

③青い鳥タイプ

「他にもっと良い方法があるのでは？」と、学習を始めたあとも、さまざまな学習本を読み、あれこれ試すが、成果が出るまで継続できずに投げ出すタイプ。対策は、トレーニング時の体感の変化を確信にすることと、TOEICテストを定期受験すること。

④完璧主義タイプ

「何事も完璧に」という気持ちが強く、日々のトレーニングで無理をする。さらに、TOEICスコアが少しでも下がると、必要以上に気になり、悩むタイプ。対策は、お互いのトレーニングの状況を交流できる仲間を作り、「みんなそうなんだ」と安心すること。

⑤燃え尽きタイプ

「人の何倍も努力しなければ」という気持ちが強く、とことん自分を追い込む。自分へのプレッシャーに負けて、TOEICスコアが誤差の範囲を超えて乱高下し、落ち込むタイプ。対策は、スコア以外の英語学習の楽しみを見つけ、トレーニングを楽しむこと。

第4章　「学習バランスとペース」が継続の鍵

そして、当然のスコアアップを期待した3回目の結果は、465点だった。トレーニング時間の割にスコアが伸びていない理由は、ここまでに紹介の通りだが、それに気づいていない当時の私は、「たった5点アップか……」と凹んだ。

　この結果を千田先生に報告したら、「壁にぶつかったらチャンスと思え」とアドバイスをいただいた。そして、トレーニングで英語をモノにした人達の体験談を読ませていただいた。何人かの人達とは、実際に会って話もした。順風満帆に、1度のスランプもなく、伸びた人はいないとわかって、心が軽くなった。人によってスランプにも違いがある（[表72]）。私は「完璧主義タイプ」だった。

　それから、300時間のトレーニングをして臨んだ4回目の結果は610点。ようやく、スランプから脱することができた。人はスランプになると、思いっ切り凹む。エネルギーを消耗し、焦りに支配される。しかし、スランプを恐れる必要はない。スランプは、成長の前の足踏みだ。

　この経験のあと、私は英語学習のプロセスを以前より楽しむようになった。英語学習が登山のようなものなら、TOEICスコアは標高だ。早く登ることだけを気にしていると、疲れてしまう。しかし、変化していく景色を楽しみ、一緒に登っている人との会話を楽しんでいると、いつの間にか高い山も登れてしまう。

　英語学習のプロセスを楽しむ方法は、たくさんある（[表73]）。自分に合った方法を見つけて欲しい。そして、スランプになったときこそ、プロセスを楽しみ、歩みを止めないことだ。スランプの先には、一歩成長した自分が待っている。

表73　プロセスを楽しむ

①英語素材を楽しむ

「英語素材を使ったトレーニング」(P.123)は、「洋楽」「洋画」「学習者向け洋書」以外にも、「海外ドラマ」「ニュース」「英字新聞」「雑誌」「インターネット」「動画投稿サイト」などを使って行うことができる。トレーニングとしてだけでなく、内容を純粋に楽しむようにすれば、長続きする。

②記録する、発表する

「トレーニング記録」(P.125)は、トレーニングの「内容」と「時間」を記入するだけでなく、「表現集作り」(P.91)と一緒に行ったり、英語素材の「感想」を記入したりしてもいい。いってみれば、英語学習日記だ。これをブログ、Facebook、Twitterなどで発表すれば、反応が返ってきて、さらに励みになる。

③リアルコミュニケーションを楽しむ

「英語圏のネイティブスピーカー」に、「英語を教えてもらう」ことにこだわらなければ、英語を使える外国人と、気軽にコミュニケーションをとる方法は少なくない。駅や観光地で外国人を見かけたら、とりあえず、"Do you need some help?"(何かお手伝いしましょうか?)と聞いてみよう。もちろん、外国人が集まるカフェに出かけるのもいいし、ネットに英語で書き込みしてもいい。スカイプを使って、外国人と話せるサービスもある。トレーニングの力試しには、こうした安価な方法で充分だ。

④トレーニング仲間を作る

トレーニングはもちろん1人でもできるが、たとえばTOEICスコアが伸びたとき、あるいは下がってしまったとき、誰かに聞いてもらえれば喜びは大きく、悲しみは小さくなり、次へのエネルギーがわいてくる。家族や友達、同僚を誘って一緒に英語学習を始めるのもいいし、SNSなどで仲間を見つけるもいい。

第4章のポイント

★英語トレーニングなら誰でも続けられる！

学習バランスとペースを計画して、始めよう。

★学習継続のための7ヶ条！

①目標達成のルートマップで、3年後の自分と、英語力の伸びをイメージしよう。

②定着の3ステップで、学習バランスを考え、効果的に英語力を伸ばそう。

③平日のライフスタイルを改造して、30分集中できる場所と時間を決めよう。

④せっかくの休日は、英語学習のイベントを考え、トレーニングに変化をつけよう。

⑤トレーニング記録で見える化して、学習ペースを作り、生活サイクルに定着させよう。

⑥四半期単位で、英語学習のPDCAサイクルを回し、「質×量＝成果」の方程式を維持しよう。

⑦英語学習のプロセスを楽しんで、スランプの先に待っている、一歩成長した自分に出会おう。

第 5 章

7人7色に輝く
「英語トレーニング」

「英語トレーニング」なら、誰でも輝ける

　第４章では、私自身の経験を交えながら、仕事と英語トレーニングを両立させるための方法を紹介した。

　だが、「トレーニングを続ければ、ホントに伸びるのか不安」という人もいるかもしれない。まして「英語トレーニング」を、本書で初めて知ったという人なら、不安に思うのも当然だ。

　しかし、安心して欲しい。

　本書のトレーニングは、日本を代表する多くのグローバル企業の研修で、20年以上に渡り紹介されてきた。

　さらに2004年には、東京の赤坂見附に、社会人のための英語トレーニングスクール「ICC東京本校」（P.159）をオープンするとともに、トレーニング専用テキスト「English Trainer」（P.155）を発刊し、トレーニングの普及と効果の検証を行ってきた。英語トレーニングで、ホントに伸びる。

　それでも、「効果がある方法でも、自分に合っているか不安」という人もいるだろう。これまでさまざまな方法を試して、第１章で紹介した「７つの落とし穴」が他人事ではない人なら当然だ。

　第５章では、英語トレーニングで輝く７人の体験談を紹介する。それぞれ英語学習のバックグラウンドも、現在の職業も違うが、トレーニングで英語力をアップさせ、７人７色に人生を豊かにしている点では共通している。

　英語トレーニングなら、あなたもきっと輝ける。

第5章 7人7色に輝く「英語トレーニング」

1 英語ができない私にもできました

渡辺 恵江（わたなべ よしえ）さん
自動車部品メーカー勤務
280点 ➡ 770点

✤会社が外資になり、危機感を感じました

　学生時代、英語は得意ではありませんでしたが、商業高校に進学したので、英語の単位も少なく、どれほどできないか知る由もありませんでした。しかし、就職後、会社が外資になり、職場で1、2位を争うほど、自分は英語ができないのだと知りました。
「このままでまずい！」という危機感から、会社の英語講座に参加しましたが、覚えては忘れての繰り返し。思い切って「千田潤一先生」(P.143)の「これならできる英語合宿」(P.147)に参加し、「English Trainer」(P.155)でトレーニングをスタートしました。4ケ月で490点にスコアアップしたことが自信になり、「ICC東京本校」(P.159)に通学を始めました。
　英語トレーニングの一番の成果は、やはりスコアアップですが、洋画や海外ドラマを見る機会が増え、トレーニングで学んだ表現に出会えると、小さな幸せを感じます。また、昨年は、オーストラリアへホームステイに行き、キャビンアテンダント

や店員さんと、会話を楽しむことができました。自分の言ったことが通じた瞬間は、本当に嬉しかったです。

✣朝と会社の昼休みを利用

平日は、自宅で毎朝1時間と会社で昼休み30分、トレーニングをしています。朝は確実に時間が取れ、集中して行えます。内容は、English Trainer をメインに、「ブッククラブ」（P.163）の洋書や、TOEIC 公式問題集を活用しています。

土曜日は、午前中に ICC 東京本校のレッスンに出席し、午後は、ICC 東京本校の仲間と行っている勉強会（アウトプットの会）に参加しています。いろいろな情報交換をし、元気になれて、とても有意義な活動です。日曜日は、疲れてほとんど英語に触れませんが、そのおかげか、月曜日は、リフレッシュした気分で、一週間のスタートが切れています。

現在は一緒に学ぶ仲間もできて、楽しくトレーニングができていますが、何度かスランプを経験し、落ち込むことがありました。それでも続けることができたのは、以下がポイント（継続の5本柱）だったと思います。

①トレーニング仲間を作る（刺激し合える。喜びを分かち合える。情報がシェアできる）。
②トレーニング内容・時間・場所などを決めておく（計画すれば、あとは実行に移すだけ）。
③直近の目標を作る（目標があると、達成に向けてやる気が向上する）。
④記録をつける（トレーニングの記録が、自信や希望につながる）。
⑤楽しく、ポジティブに！（辛いと思うと継続できない。継

続しないと結果が出ない)。

✣将来は、英語学習者のお手伝いをしたい

今後は、実践で英語を使える力を獲得したいと考えています。それには、4技能をバランス良く伸ばすことが必要なので、TOEICスコアばかりに固執せず、以下の3点を大事にトレーニングを継続していきたいと思います。

① **楽しく、ポジティブに！**
　楽しめるものに取り組もう！　楽しければ継続ができる！　できないことで落ち込むより、できたことを喜ぼう！　小さなことでも自分を褒めよう！　人と比べて凹まない。過去の自分より成長することが大切！

② **短期と長期の目標を決める！**
　少しがんばれば達成可能な短期目標を決め、着実にステップアップしていけば、将来の大きな目標の達成につながる！　誰のためでもなく、将来の自分のために！

③ **努力は裏切らない！**
　人それぞれ環境や能力は違うが、トレーニングを続けている限り、必ず結果がついてくる！　すぐに結果が出なくても、諦めないで継続しよう！

　自分は、本当にできないところからのスタートでした。その経験を活かし、将来は、一から英語学習を始める人たちのお手伝いができたらと考えています。

> 著者の
> ひと言

最初のスコアが低いほど、伸びは早い

　初めて受験したTOEICスコアが200点台、300点台だと、「目標まで数百点上げる必要があり、とても英語学習を始める気になれない」という人が多い。

　でも、視点を変えれば、数百点アップの楽しみが待っているということ。しかも、スコアが低いほど、伸びにかかる時間は短い（P.39）から、最初の変化が早くやってくる。悩むより、始めてしまうのが、輝くコツだ。

千田 潤一 （ちだ じゅんいち） 先生

　いわずと知れた「英語トレーニング指導の第一人者」。1990年から、TOEICテスト説明会や大手企業・学校で、4,000回以上の講演・セミナーを行い、受講者は17万人を超えている。

　私の講演の印象が「楽しくタメになって納得する」だとすると、千田先生の講演は「爆笑とホロリでやる気になる」だ。

　ちなみに、大学時代の私は「工学部・英語嫌い」。千田先生は、「陸上部・英検一級」。そのせいか、私より17歳年上だが、何倍もパワフルだ。チャンスがあったら、先生の講演を聞こう。きっとやる気になる！

第5章　7人7色に輝く「英語トレーニング」

2 理系の私も学習法に納得できました

森 一郎 (もり いちろう) さん
電機メーカー勤務
365点 ➡ 665点

✤学生時代は英語が得意でした

　小学校からNHKの英語テープを聞いたり、LL教室に通ったりしたものの、中学入学当初は英語が苦手でした。しかし、3つの転機があり、英語が好きになり、得意になりました。

　最初の転機は姉に言われた「お前は、絶対英語はできるようにならない」という言葉。「何を！」と思い、進学塾の講師のアドバイスに従い、基本的な動詞を覚えたことで、英語が理解できるようになり始めました。また、熟語集を覚えたことで点数が取れるようになりました。

　次の転機は、浪人時代の予備校。そこで教わったエッセンス（「5文型を意識して読む」「頭から訳していく」「英語のルール（○○のあとには名詞が来る etc.）」）で、英語が速く読めるようになり、苦手意識がなくなりました。

　最後の転機は、大学時代のドイツ語。ドイツ語はまったく使えるようになりませんでしたが、Rの発音ができるようになり、自分の英語が外国人に伝わるようになりました。

✤昇進基準に TOEIC 650 点以上が必須に

　社会人になってからは、技術系ということもあり、あまり英語の必要性を感じていませんでした。しかし、昇進基準に TOEIC 650 点以上が必須になり、部長から「勉強しておくように」と言われたのがきっかけで、英語学習を始めました。

　そんな折、社内で鹿野先生の「英語トレーニングセミナー」（P.151）があり、「理論的な学習法に納得」「リズムが重要という説明に共感」「トレーニングの効果を体感」し、「ICC 東京本校」（P.159）に入校しました。その成果は、パーフェクトでした。目標の 1 年以内に、650 点クリアが達成できました。残念ながら、私に声をかけてくれた部長は退職してしまいましたが、期待に応えられて嬉しかったです。

　体感の変化としては、英語の聞こえ方が変わりました。テキストで練習した表現、たとえば、What can I do for you ? といった表現が映画等で出てくると、スッと頭の中に入ってきます。こうした表現を、これからも増やしていきたいと思います。

　私にとって、声を出して音読することの効果（メリット）がはっきりと体感できたことはかけがえのない経験でした。中学校のときから音読はやらされてきましたが、その価値はまったく感じられず、続きませんでした。

　中国語を勉強したときも、テキストの音読を何度もするようになってから、先生に褒められることが多くなってきましたが、その因果関係は不確かなものでした。

　音読の効果に確信を持てたことは、4 つ目の転機になりまし

た。今後、語学学習を継続していくうえでの道しるべです。

✤ 往復3時間の通勤時間を活用

　平日の英語のトレーニングは主に電車の中でしています。片道1時間半かけて通勤しているので、行きはテキストの学習、帰りは英字新聞やTOEIC問題集で、耳と目を英語に慣らしています。

　また、「英語の強弱リズム」を身につけるため、テキスト「English Trainer」（P.155）の学習の際には、CDを聞きながらイントネーションをマーキングしておき、レッスンで答え合わせをすることを心がけています。始めた当初は、いまひとつ強弱リズムがつかみきれないこともありましたが、今ではほぼ聞き取れるようになってきました。

　休日の英語のトレーニングは、英語の映画の割合を増やし、お気に入りのドラマ「Cold Case」も英語で見るようにして、楽しく英語素材に触れる機会を増やしています。

✤ 継続できるペースを探すことが大事

　私は、**「燃え尽きないように、疲れすぎず、でも止めることなく継続できるペースを探すこと」**を心がけています。今後の目標は、次のステップとしての730点です。

　皆さんも、勢いがあるときは大きく進み、少し心が折れそうなときはムリをせず、ムリのないペースで続けて目標を達成しましょう。そして褒めてくれる人を近くに置きましょう。喜びは人を加速させます。きっと結果はついてきます。

著者の
ひと言

学生時代に英語が得意だったなら、伸びは早い

　高校時代に英語が得意でも、入社して受験した TOEIC テストは、300 点台、400 点台ということが多い。その一番の理由は、TOEIC テストはリスニングが半分でリーディングがそこそこできるだけでは、不充分だからだ。したがって、英語の強弱リズムに強くならない限り、飛躍はない。とはいえ、蓄積されている知識の量は多いから、トレーニングで知識をスキルに変えてやれば、輝く日は近い。

これならできる英語合宿

　栃木県の那須高原に英語学習者のための研修センター（英語難民救済センター）がある。ここでは、千田潤一先生の直接指導が受けられる合宿を開催している。2012 年 3 月に、開催回数が 100 回に達し、参加者は 1,000 名を越えた。

　開催時期は、3 月〜 11 月末の週末。1 泊 2 日、定員 16 名の密度で、千田先生の熱い講義を受ければ、1 年分のやる気がもらえる。英語トレーニングのスタートに、気合を入れたい人、スランプを抜け出すために、気合を入れ直したい人なら、遠方からでも参加する価値がある。

第5章　7人7色に輝く「英語トレーニング」

3 体育会系の私にも合った学習法でした

仙道 洋介（せんどう ようすけ）さん
食品メーカー勤務
485点 ➡ 755点

✤ 高まる英語学習のプレッシャー

　学生時代は部活動に明け暮れていたため、恥ずかしながら英語学習はあまり取り組んだ記憶がありません。少しは勉強しておけばよかったと後悔しているくらい部活中心の学生生活で、特に海外旅行に行くでもなく、外国人の方と接する機会もありませんでしたので、英語はまるでダメでした。英語の授業の単位をどうやって取ったのか、まったくもって謎です。

　入社後も、海外勤務や、日常的に海外とのやりとりをしている人は一部の人のみでした。しかし数年前より「グローバル化」、「海外での事業拡大」が活発化し、実際に海外でのM&Aなども増えていき、社内での英語学習に関するプレッシャーが強くなってきました。

　そこで、本屋で英語学習の本や、TOEIC対策本などを買いましたが、1冊も満足にやりきったことはなく、忘れた頃に新しい本を買い、途中で止めてしまう、ということを数年繰り返していました。

✣英語ができるようになる理屈に納得しました

　ある日、会社の研修プログラムに、500点未満の人が対象の初級講座の案内を見つけ、「なんて良い会社なんだ」と思い、申し込みました。その講座が行われたのが「ICC東京本校」（P.159）でした。

　講座に参加して、英語を苦手としている方に向けたレベル別の学習方法や、洋画や洋楽などを織り交ぜながら、英語学習を続けるコツなどを教えていただきました。

　また講師の方々に、ご自身が英語を習得されてきた過程や、ご自身が苦労された体験、日本人が間違えやすいポイントなど、豊富に織り交ぜて話していただきました。大変楽しく受講して、英語ができるようになるリクツに納得感が得られました。

　会社の初級講座は2日間でしたが、どうせトレーニングするなら本格的にと思い、ICC東京本校への通学を始めました。

✣1日30分のトレーニングから始めました

　私の場合は、まず「英語学習を習慣化することが課題」という状態からのスタートでした。そこで、最低でも1日30分のトレーニングを行うことを目標に、「English Trainer」（P.155）と携帯プレーヤーを、常に携帯するようにしました。

　私が気に入っているトレーニングは、テキストの各ラウンドをCDと同じ速度で抑揚をつけながら完璧に話す「ヴォーカル・アイ・シャドウイング」です。完璧に話すには、1つのラウンドを20回、30回と繰り返して音読することが必要でしたが、それだけ音読すれば、何とかCDと同様に話すことが

できるようになりました。

　1つのラウンドをCDとぴったり同じに話せるようになることで、ひとつひとつ課題をクリアしているように感じられ、「CDとぴったり同じに話せるラウンドを増やしていこう」と取り組んでいくことで、学習が習慣になってきました。

　そして、テキストの各ラウンドをクリアしていくことで、日常の何気ない場面で耳に入ってくるTVなどの英語に「体感の変化」を感じられたときには、かなり嬉しかったのを覚えています。TOEICテストも、リスニングは自信を持って解答できる問題が増えました。リーディングも、テキストに掲載の語彙・表現が定着することで、スコアが上がっていきました。

✢英語で積極的にコミュニケーションを取りたい

　現時点では「相手の言っていることがある程度わかる」「最低限の受け答えができる」といった状態で、自らが言いたいことがなかなか出てこない状態です。

　ですから、日常の中で少しでも多く英語に触れ、使える表現を増やしていくことで、積極的に英語でコミュニケーションが取れるようになることが今後の目標です。

　あまりあれこれ手を出さずに、1つの教材、ラウンド、1ページ、1表現を覚えるまで繰り返すことを積み上げれば、あるとき必ず体感の変化が感じられ、成果も上がってくると思います。私も少しずつですが、細く長く継続していきます。

> 著者のひと言

反復練習が得意な体育会系タイプなら、伸びは早い

　英語トレーニングもスポーツも、反復練習で動作記憶として定着させるという点では同じだ。いわば、英語は、耳（聞く）・口（話す）・目（読む）・指（書く）の4器官を動かすスポーツ。

　だから、地道な反復練習が大事だと知っている体育会系タイプは、伸びが早い。トップアスリート同様、科学的根拠のあるトレーニングを実践することで、確実に輝ける。

企業内・英語トレーニングセミナー

　英語トレーニングの方法は、スポーツの練習方法と同じで、本を読んで理論を理解するだけでなく、チャンスがあれば、講師（トレーナー）の指導のもとで体験してみるのがいい。「百聞は一見にしかず」の言葉通り、トレーニングのコツがさらに良く分かる。

　社内でTOEICテスト（IPテスト）を実施している会社であれば、講演会やセミナーを実施していただいている可能性がある。講師が千田先生や私でなくとも、「英語トレーニングのICC」とあれば同じメソッドだから、機会があればぜひ参加して欲しい。

4 英会話で伸びなかった私も伸びました

内山 綾子 (うちやま あやこ) さん
電子部品メーカー勤務
315点 ➡ 705点

✤ 将来、英語を使って仕事をしたい

　義務教育の一環で中学生から英語を授業で学び、成績は中。英語には憧れがあって好きでしたが、得意というわけではありませんでした。しかし、いつかは英語を使って仕事をし、海外に住むことができれば良いと思っていました。

　英語学習を始めたきっかけは、海外へ旅行に行った際、店員さんの簡単な英語も聞けない、理解ができない、また言いたいことを伝えることができなかった経験です。

　もっと使える英語を身につけたいと思いました。英語を流暢に話す未来の自分を想像すると、心からワクワクしてきました。

　そこで、英会話学校での一般英会話を受講しました。決められたフレーズを真似て言ってみるのですが、きれいにうまく話すということだけにとらわれていました。形を真似るだけで、理解や知識のほうはとても浅かったように思います。文法はひと通り勉強するけれども、いざ発信する際には、使いこなせていない状態でした。

✤ トレーニングという言葉に共感しました

千田先生の「英語トレーニングセミナー」(P.151) に出席したのがきっかけで英語トレーニングを始めました。最初は、まったく聞き取れなかった英文が、音読や音読筆写をすることによって、聞こえるようになることに感動しました。

また、英語の習得は、ゴルフなどのスポーツのように練習、反復のトレーニングであるということに共感しました。そこで、「ICC東京本校」(P.159) に入校し、英語トレーニングを始めることにしました。

英語トレーニングの成果は、以前よりゆっくりはっきりと聞き取れる文章が多くなったこと、イメージ化がだいぶできるようになったことです。また、英語をリズムでとらえられるようになりました。その結果として、もちろんTOEICスコアも徐々に伸びてきました。

✤ トレーニングの時間と場所を決めています

学習を続けるにあたって、トレーニングを行う時間と場所を決めて、とにかく毎日続けるよう心がけています。しっかりやってもすぐに忘れてしまうので、がっかりせずに復習（反復）します。どうせすぐに忘れてしまうだろうと思っても、2回目は多少なりとも定着していて、トレーニング時間が1回目より確実に少なくなります。

力をつける秘訣は、諦めずに、「English Trainer」(P.155)の「活用ガイド」（トレーニング方法がまとめられた冊子）通りに反復することに尽きると思います。

✢ 仲間を作ること、記録することが、継続の鍵

　トレーニングを継続する鍵は、「一緒にがんばる仲間を作ること」と、「トレーニングの時間を記録すること」です。

　トレーニングを続けていると、途中で飽きたり、学習方法に迷ったり、TOEICテストで思うようなスコアで取れなかったときなど、気分が落ち込んだりします。でも、仲間がいると、一緒に励まし合ったり、切磋琢磨したりすることで、「またがんばろう」という気持ちが継続します。

　また、トレーニングの時間を記録することによって、自分の今までの軌跡を感じることができます。そして、途中で投げ出すことがもったいなくなり、止められなくなります。目標・期間を決めて「スタートダッシュを切ること」。毎日記録をつけることで、「トレーニングがゼロ時間の日を作らないこと」がコツです。

✢ 800点を突破し、海外進出を実現します

　TOEIC 700点は突破したので、730点突破を直近の目標にし、いずれ800点を突破できるようにがんばります。また夢である海外へ進出できたら嬉しいです。

　「聞くだけ」や「短時間」で、英語は習得できません。英語トレーニングは、使える英語へのステップです。根気良く、信じて続けていれば、必ず成功します。コミュニケーションのツールである英語を、トレーニングで習得できるようがんばりましょう！

著者の
ひと言

受け身から、攻めの学習に転じれば、必ず伸びる

「人から英語を教えてもらう」。こう考えているうちは、英語は身につかない。また、「英語を使いたくない」と思っていると伸びない。人から教えてもらった言葉を話すのではなく、「自分で覚えた言葉を、自分の意思で使う」と考えよう。英語を使っている自分をイメージしているほど、定着度が高い。**受け身から、攻めの学習に転じれば、必ず輝ける。**

English Trainer

本書のトレーニングは、あらゆる教材を使用して行える。しかし、テキストによっては、「基本構文」（P.83）が充実していなかったり、「サイトラ」（P.99）がなかったりして、使いづらい。そこで生まれたトレーニング専用テキストだ。

最新理論に基づいたトレーニングが快適にできるのは当然として、ネイティブスピーカーが本当に良く使う表現を集めたクオリティの高さで人気がある。「ICC 東京本校」に通学せずとも利用でき、トレーニング入門者向けの「Target シリーズ」（3ケ月）と、「1年コース」がある。

第5章 7人7色に輝く「英語トレーニング」

5 話せるようになりたい自分に合った学習法でした

川原 侑大（かわはら ゆうだい）さん
電機メーカー勤務
440点 ➡ 685点

✜ 実践の場で使える英語を身につけたい

　高校まで、英語は得意で好きな科目でした。大学受験のためにひたすら勉強していましたが、受験英語と実践の場で必要な英語とまったく違うと、修学旅行のときに気づきました。中国の北京で、部屋のライトがつかなくて、それを英語で伝えようとしたのです。しかし、「ライトがつかない」という簡単な英語が浮かばずに、悔しい思いをしたことを覚えています。だから、いつかは実践の場で使える英語のトレーニングをしたいと考えていました。

　社会人になってからは、昇格基準もあるので、いつかトレーニングを始めたいと思いつつ、なかなか腰をあげられませんでした。しかし、ハワイに行くことになり、それをきっかけに英会話学校に通うことにし、週1回50分のレッスンに1年間通っていました。週1回でも英語を使う機会を作っていたことは良かったと思いますが、**英語学習を習慣化できていなかったので、TOEICスコアは変化なしでした。**

✣ 1年4ケ月で235点アップしました

　社内で「英語トレーニングセミナー」(P.151)に参加して、自分でもできそうと思ったことがきっかけで、「ICC東京本校」(P.159)に入校し、トレーニングを開始しました。

　トレーニングを始めてから1年4ケ月で、スコアが235点アップしました。英会話や会議においても聞こえる量が増えたような気がします。特にTOEICのリスニングパートを解いているときに、変化を実感しています。

　具体的なトレーニングとしては、「English Trainer」(P.155)を毎朝30分行っています。通勤時は、電車の中でCDを聞きながら、トレーニングした内容の復習を行っています。夜は、「ブッククラブ」(P.163)の洋書リーディングを最低でも10分以上。それ以外にも、会社で申し込んだEラーニングをやったり、トレーニングしたことを実践する機会として、スカイプを使ったフィリピンの人との英会話を行ったりもしています。

　私が英語をトレーニングする目的は、TOEICのスコアアップのためだけではなく、実践の場でコミュニケーションのツールとして英語を活用することです。英会話は日頃のトレーニングの成果を実践に応用する良いチャンスになっています。

✣ 継続のコツは、モチベーションを保つこと

　英語が上達すると、ビジネスはもちろん海外旅行で英語を使ったり、字幕なしで映画を見たりするなど、楽しみも増えます。ですから、仕事だけではなく、趣味も英語トレーニングの目的にして、モチベーションが下がらないように工夫しています。

また、トレーニングが習慣化してくると、たまにマンネリ化することがあるので、ちょっと飽きたなと思ったときには、変化を取り入れるようにしています。英会話やEnglishカフェに行くなど、違ったことをたまにやると、マンネリ感もなくなるし、別の視点から日頃のトレーニングの重要性にも気づけるので、とてもおすすめです。

✤英語が上達すると楽しみが増えてきます

　私自身の今後の目標はいろいろありますが、仕事においてはテレビ会議や海外出張で、もっと英語の発信力を高めたいと思います。

　また、アメリカが好きなので、最終目標は、ニューヨークのブロードウェイミュージカルや、アメリカのドラマや映画、トークショーなどを翻訳・字幕なしで理解できるようになることです。

　現在、多くの企業がTOEICテストを採用・昇格基準などに取り入れているので、スコアアップを目標にしている人がたくさんいると思います。もちろんそれも大事ですが、英語が上達すると仕事でも日常でも少しずつできることや楽しみが、増えてきます。

　したがって、スコアアップのためのテスト対策にばかりとらわれるのではなく、トレーニングによって実践の場で英語を活用できる楽しみや喜びを共感できる人が増えると嬉しいです。

> **著者の ひと言**

トレーニングに実践をプラスすれば、必ず伸びる

　ネイティブスピーカーや英語を話す外国人は、英語を教えてもらう相手ではない。彼らは、日頃のトレーニングの成果を試す相手だ。英会話レッスンの効果が高くなるのはTOEIC 730点以上だが、トレーニングした成果を試すのにレベルは関係ない。チャンスを見つけて、コミュニケーションを実践しよう。使えた分だけ自信になり、やる気になる。トレーニングに実践をプラスすれば、輝ける。

英語トレーニング
　ＩＣＣ東京本校

　本書のトレーニングは、もちろん自分1人で行える。しかし、1人だとペースがつかめなかったり、モチベーションが維持できなかったりしやすい。講師（トレーナー）のサポートのもとトレーニングが継続できるのが、この学校だ。

　最新理論に基づいたトレーニング指導が受けられるのは当然として、日本で英語を身につけた講師ならではの、不安や悩みを吹き飛ばすレッスンに人気がある。個人で通学できる「英語トレーニング・実践コース」の他、企業派遣・貸切講座の利用も多い。

第5章　7人7色に輝く「英語トレーニング」

6 仕事が忙しい自分にも継続できました

中川 政人（なかがわ まさと）さん
会計事務所勤務
420点 ➡ 650点

✣英語を使う機会が増えて、重い腰を上げました

　中学1年生の最初の英語の授業で、one apple を聞こえたまま「ワナポ」と発音して笑われ、それだけが原因というわけではありませんが、いつの間にか苦手意識が芽生えてしまい、英語とは距離を置くようになっていました。

　社会に出てからも、実生活であまり必要に迫られることがなかったため、英語を今まで積み残しにしてきました。

　しかし、会社でTOEICの目標スコアが提示され、じわじわと英語環境が広がってきました。実際に仕事の上でも、海外とのメールのやりとりや海外出張などの機会が増え、対応しなければならない局面が増えてきます。また、後輩に英語のスキルアップについてはっぱをかける手前、自分もある程度できないとまずいなと思い、重い腰を上げる気になりました。

　とはいうものの、何をやったらいいのかわからず、市販の本を買っては途中で挫折する、そしてまた別の市販の本を買うという悪循環に陥り、教材を買うのが趣味化していました。

TOEIC対策のハンディータイプの本を読んだりして、それはそれでクイズのようで面白かったのですが、使える英語が身につくとは到底思えず、限界を感じていました。

そんな折に、会社で開かれた「英語トレーニングセミナー」（P.151）に参加しました。受講後すぐに始めようと思ったのですが、日々の業務に忙殺され、トレーニングを開始するまで、1年ほどの期間が空いてしまいました。ですから、独学ではやはり限界があると思い、「ICC東京本校」（P.159）に通学することにしました。

通学して、TOEICスコアが上がったのが目に見えた変化ですが、仕事においても普段の生活においても、英語に対して、「読んでやろう」「聞いてやろう」という気になったのが、自分の中では大きな収穫です。

✦入学時に計画したペースで気負わず続けています

入学する際に受講した「オリエンテーション」（自己学習で行うトレーニング方法を学ぶ講座）で、計画した学習バランスとペースで、コツコツと続けています。あまり気負いすぎないほうがいいようです。

具体的には、平日は朝少し早く起きて、「English Trainer」（P.155）で30分〜1時間のトレーニングをしています。通勤や移動等の隙間時間は、携帯プレーヤーでEnglish TrainerのCD音声を聞いています。English Trainerは、各ラウンドの内容がそのままTOEICの問題につながっているので、問題を解く力も自然につけられるように感じます。

夜は、仕事が終わるのが遅くて、なかなか時間が取れませんが、可能なときは帰宅途中に喫茶店によって、30分ほどテキ

ストを開くなどしています。休日は、DVDやYouTubeを見たり、洋書を読んだりと、生の英語に触れるようにしています。

　トレーニングが続いているのは、週1回のレッスンが楽しくて、ものすごい力で牽引してもらっていることが一番の理由ですが、記録をつけたことも大きいと思います。「オリエンテーション」で、「トレーニング時間を、ダイアリーに記録してください」と言われたときは、「面倒くさいな、もうちょっと何かないかな」と思ったのですが、トレーニング状況を視覚化するのは予想外の効果がありました。

　ゼロ時間という記録を見たくないので、隙間時間も学習時間にあてるようになりました。たまに疲れたと思うときはありますが、「ブッククラブ」（P.163）で借りた軽めの洋書を読むなどして、気分転換しています。

✣英語が面白いと思えるようになりました

　1年もトレーニングしていないので偉そうなことは言えませんが、英語が面白いと思えるようになりました。TOEICの次の目標は、730点です。仕事では、英文メールがもう少しストレスなく読み書きできること、出張の際にもっと英語を使って会話ができることが目標です。

　学習しているといろいろな教材に手を出したくなりますが、「英語トレーニング」のみを信じて学習することが、スコアアップの近道だと思っています。

> **著者の
> ひと言**

快適な学習バランスなら、続けられる

　毎日忙しい人こそ、「英語学習は仕事の息抜き」と考えよう。**平日の英語トレーニングは「脳トレ」**だ。仕事前や移動中に脳を活性化させれば、仕事もはかどる。仕事がはかどれば、トレーニングの時間もできる。**休日の英語トレーニングは、「気分転換」**だ。気楽に英語を楽しんでリラックスすれば、エネルギーが充電できる。仕事に忙殺される毎日も、英語の脳トレと気分転換で輝く。

ICC東京本校 ブッククラブ

　速読力を上げるには、直読直解（スピードを映像にする）トレーニングとあわせて、自分のレベルに合った「学習者向け洋書」を多読するのが効果的だ。

　洋書を自由に借りられる図書館が近くにあればよいが、そうではなく、すべて自分で購入して学習するとなると、出費がかさんで辛い。

　そこで、ICC東京本校では、TOEIC目標スコアレベル別に分類された「学習者向け洋書」の貸出サービス（蔵書7,000冊）を行っている。通学生はレッスンで来校時に洋書を借り、通勤時間などを活用して多読ができる。

7 本業の勉強が必要な私にも継続できました

佐藤 牧也（さとう まきや）さん
システム開発会社勤務
350点 ➡ 715点

❖英語がわかれば、情報ソースが何倍にも増えます

　学生時代の英語の成績は、良くも悪くもありませんでした。英語の授業も、面白くありませんでした。社会人になってからも、今のところ仕事上で英語が必要になっているわけではありません。でも、これからは英語を使えないと、いろいろなメリットを受けられないと感じています。

　英語を使える一番のメリットは、日本語に比べ情報量が多いことです。書籍やネットの情報も英語で発信されているもののほうが多いですから、英語がわかれば、情報ソースが何倍にも増えます。それが、英語学習を始めた動機です。

　最初は、NHKラジオ講座や、広告で有名な通信講座をやっていました。しかし、学習方法がわかっておらず、成果は停滞していました。そこで、「体験！英語トレーニング」（P.167）に参加して、「ICC東京本校」（P.159）を知りました。方法論もさることながら、レッスンを担当した先生が面白かったので、入校することにしました。

✤ 同時に2つのことを行いながらトレーニングしています

　昼間働いているので、普通にやっていたら、時間が足りません。もちろん本業の勉強も必要です。そこで勝間和代さんもおすすめの「同時に2つのことを行う」方法で、トレーニングを実践しています。

　具体的には、「通勤時」と「入浴時」に、英語を同時にトレーニングしています。通勤時は、英語をリスニングトレーニング。入浴時は、濡れないように英文テキストをラミネート加工して、湯船で音読しています。さらにストレッチも行っていますから、同時に3つのことを行っています（笑）。

✤ いつの間にか5年続けています

　最初は短期間のつもりで入校した「ICC東京本校」ですが、かれこれ5年経ち、いつの間にか今日に至っていることに、自分でも驚いています。

　トレーニングを継続できた理由は、定期的にTOEICテストを受験して、成果をチェックしたことだと思います。

　実は、どこができているのか間違っているのかわからないのが苦痛で、1年半以上受けない期間もありました。しかし、受験することで、少しでも向上していることがわかると、それが励みになり、トレーニングを続けることができます。

　成果として、TOEICスコアが上がったのはもちろんですが、体感として海外ドラマを見ていて、「聞き取れる知っている表現」が増えました。

✣ 自分のペースでトレーニングを

　私自身、まだまだ発展途中で、皆さんにアドバイスできるほど英語ができるわけではありません。そんな私でもあえてメッセージを贈るとすれば、学生時代と違って社会人は4年で卒業というわけではないので、年数をかけて自分の好きなように「自分のペースでトレーニングして良い」ということです。

　正しいトレーニング方法で英語学習を行えば、人によって早い遅いはありますが、成果はやがて表れます。問題は、英語学習を継続できるかできないかにあります。そして、英語学習を継続させるには、自分を納得させる成果が必要です。具体的には、自身にとっての英語習得のメリットや面白みを発見することです。

　私の場合は、TOEICテストのスコアもそうですが、海外ドラマを英語で見て、知っているフレーズが聞き取れると、「この状況で使うのか、なるほど」と楽しくなります。

　英語を学ぶだけでなく、学んだことが成果として感じられる楽しさを見つけることが大事です。皆さんも、この楽しさを見つけてください。

　私の今後の目標ですが、まずは直近のスコアが良すぎたので、この点数を安定させたいと思います。そして、英語学習をさらに楽しんでいきたいと思います。

**著者の
ひと言**

自分に合った学習ペースなら、続けられる

「昇格昇進基準などで、達成期限が迫っている」「英語を使う業務になった」といった人は仕方ないとして、そうでなければ、あまり焦る必要はない。焦って英語を身につけたとしても、日本で生活する限り、英語力を維持するために英語学習を続ける必要がある。3年続けられるペースを考えてみよう。3年続けられれば、5年、10年と、ずっと輝き続けられる。

体験！英語トレーニング

本書を読み終わったら、もちろんすぐに英語トレーニングを始めて構わない。しかし、「もっと詳しく知りたい」「トレーニング方法を再確認したい」「やる気を高めたい」という人には、1回完結のセミナーを東京と大阪で開催している。

参加費1,000円（ネット申込）で、スコアレベル別のトレーニングのコツを学べる。トレーニングの成果が「体験」できる講座だから、参加すると元気になる。トレーニングの先に待っている輝く自分の姿が、イメージできる。だから笑顔でトレーニングをスタートできる。

第5章のポイント

★ 英語トレーニングなら誰でも輝ける！

自分スタイルの英語トレーニングを始めよう。

★ 英語トレーニングで輝く人から学ぼう！

①最初のスコアが低いほど、伸びは早い。スコアが低いと悩むより、始めてしまおう。

②学生時代に英語が得意だったなら、伸びは早い。トレーニングで知識をスキルに変えよう。

③反復練習が得意な体育会系タイプなら、伸びは早い。スポーツ感覚でトレーニングしよう。

④受け身から、攻めの学習に転じれば、必ず伸びる。英語を使っている自分をイメージしよう。

⑤トレーニングに実践をプラスすれば、必ず伸びる。トレーニングの成果を実践で試そう。

⑥快適な学習バランスなら、続けられる。英語の脳トレと気分転換で、仕事の息抜きにしよう。

⑦自分に合った学習ペースなら、続けられる。3年続けられるペースなら、ずっと輝き続けられる。

あとがき

「やり直し英語学習」3つの質問

　企業内でのセミナーのアンケートで、「続けることが一番難しい」という感想をいただくことがある。この本をお読みいただいたあなたの感想も同じかもしれない。そこで、最後に「やり直し英語学習」を続けるための3つの質問を紹介したい。日々の英語トレーニングに行き詰まりを感じたら、思い出して、ぜひ自問自答して欲しい。

①英語学習を止めると、何を失うのか？

　英語学習に自分の時間を投資し続ける価値が、本当にあるのだろうか？　あるいは、英語学習を止めると、何か失うものがあるだろうか？　失うものがあるとすれば、何だろう？　収入が異なるといった経済的な損失だろうか？　仕事や売上げのチャンスが減るといった機会の損失だろうか？　それとも、周囲からの期待やプレッシャーに応えられないといった自信の消失だろうか？

　英語学習は、車と一緒だ。動き始めれば、少しのエネルギーで前に進み続ける。しかし、いったん停止すると、再び前進するには、何倍ものエネルギーを必要とする。止めてしまう前に、失うものを考えてみよう。失うものが大きいほど、止めるのがもったいなくなるはずだ。

②英語学習によって、何を得るのか？

英語学習を継続することによって、得られることは何だろう？ それは、TOEICスコアだけだろうか？ 他にあるとすれば、何だろう？ たとえば、昇進・昇格。英語での仕事がスムーズにできる。仕事の幅が広がる。苦手意識、苦痛やプレッシャーから解放される。周囲の期待に応えられる。海外出張や海外旅行が楽しくなる。チャンスが広がる。外国人の友人ができる、といったことかもしれない。

単なる想像でも、夢でもいい。自分にとって、得られるものが大きいほど、継続のエネルギーは大きくなる。そして、明確にイメージできるほど、継続のエネルギーが続く。英語学習に気分が乗らなくなったら、英語学習の先に待っている自分の姿を考えてみよう。

③どうすれば、英語学習が楽しくなるのか？

英語学習を楽しく続けるために、できることは何だろう？ あるいは、英語学習をつまらなくしているものは何だろう？ それを止めるか、他のものに変えたら、楽しくなるだろうか？

場所を変えたら？ 時間を変えたら？ 学習バランスを変えたら？ 学習ペースを変えたら？ テキストを変えたら？ 英語素材を変えたら？ 力試しをしてみたら？ 誰かと一緒にやったら？ 自分にご褒美をあげたら、どうだろう？

何かを身につけるプロセス、上達していくプロセスは、楽しいものだ。だから、英語学習は、楽しくなければいけない。楽

しくない英語学習は、何かが間違っている。英語学習が辛いと感じたら、楽しくするにはどうしたらいいか考えてみよう。楽しいことを考えれば、きっとワクワクしてくる。

やり直し英語学習を始めよう！

　英語学習に対する気持ちは、誰でもほとんど同じだ。「やっぱり、英語ができないとまずい」「きっと、英語ができたらいいことがある」「でも、できることならラクをしたい」。途中まではいいのだが、最後の「ラクをしたい」という気持ちが、学習継続の邪魔をする。だから、身につかない。

　心の底では、誰でもわかっている。「ラクをして英語を身につける方法はない」。だから、始められない・続かない。本書で伝えたかった一番のメッセージはここにある。「ラクをして英語を身につける方法はない。だから、楽しんで英語を身につけよう」。

　楽しんで英語を身につけるには、学習を楽しむことが必要だ。学習を楽しむには、学習の本質（コツ）をつかむ必要がある。本質がわかれば、短期間での効果を謳う方法に惑わされたり、自分のレベルを無視した方法に手を出したりして、失敗することもない。本質がわかっているから、必ず伸びる。

　学習を楽しむとは、成長していく自分のプロセスを楽しむことに他ならない。本書でコツをつかんだ皆さんには、自身の目標達成の日まで、そして目標達成のあとも、ずっと続く楽しみが待っている。

　さあ、やり直し英語学習を始めよう！　人生は、楽しい。

巻末付録

「英語トレーニング」目標計画シート

「英語トレーニング」目標計画シート

自分に宣言するつもりで、しっかり書こう。

目標達成のルートマップ

❶ 3年後の英語レベル（スコア）

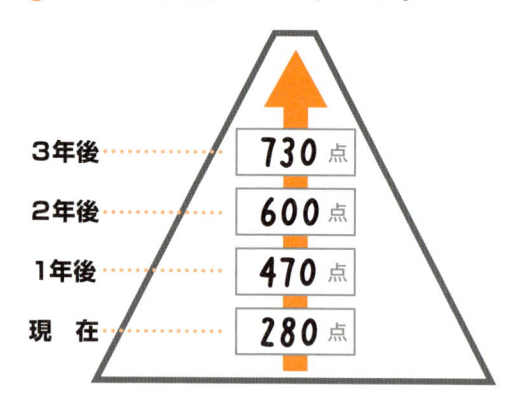

- 3年後 …… 730 点
- 2年後 …… 600 点
- 1年後 …… 470 点
- 現　在 …… 280 点

P.109〔表58〕、P.39〔表15〕を参考に、3年後の目標英語レベル（スコア）と推移を記入しよう。

❷ 3年後の英語レベル（Can Do）

> 海外出張に余裕で行ける。
> 英語ミーティングで、ビシッと発言できる。英語が楽しい！！

3年後に、何ができるようになっているか（Can Do）をイメージして、記入しよう。P.109〔表58〕参照。

英語トレーニングを始める前に、目標計画シート（P.174〜175）を記入しよう。言語化することで、「できるかもしれない」という希望が、「きっとできる」という確信に変わる。記入が終わったら、コピーして、目に見える場所に張り出そう。

名前	矢利直史
記入日	2012年 3月 30日 （金）

名前と記入日を記入して、気持ちを引き締めよう。

学習バランスとペース

❸平日のトレーニング

集中30分の場所と時間
（テキストを使った基本トレーニング）

自宅で朝30分

移動30分の場所と時間
（テキスト付属CDを使った復習トレーニング）

電車で朝30分

P.117〔表62〕を参考に、平日のトレーニングの場所と時間を決めて、記入しよう。

❹休日のトレーニング

休日60分の内容
（英語教材、練習問題、リアルコミュニケーションなどの実践トレーニング）

まず洋楽3曲。
次に洋画30本。
TOEIC受験前に練習問題。

P.121〔表64〕を参考に、休日のトレーニングの内容（何から始めるか）を考えて、記入しよう。

「英語トレーニング」目標計画シート

目標達成のルートマップ

❶ 3年後の英語レベル（スコア）

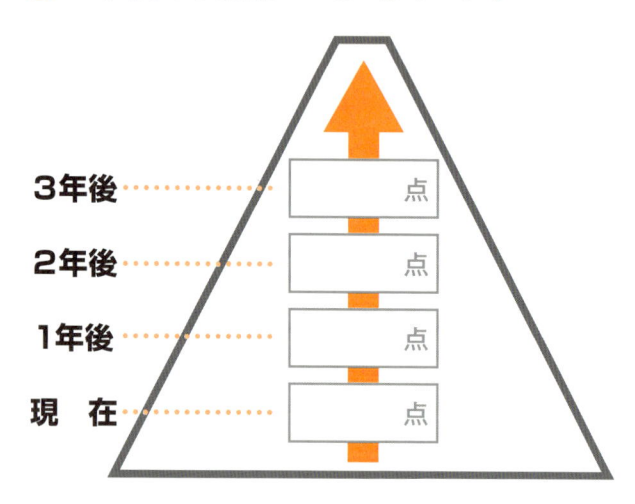

- 3年後 ……… 　　　点
- 2年後 ……… 　　　点
- 1年後 ……… 　　　点
- 現　在 ……… 　　　点

❷ 3年後の英語レベル（Can Do）

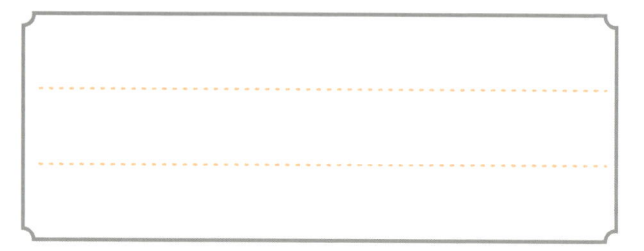

名　前	
記入日	年　　　　月　　　　日　（　　　）

学習バランスとペース

❸ 平日のトレーニング

集中30分の場所と時間
（テキストを使った基本トレーニング）

移動30分の場所と時間
（テキスト付属CDを使った復習トレーニング）

❹ 休日のトレーニング

休日60分の内容
（英語教材、練習問題、リアルコミュニケーションなどの実践トレーニング）

著者紹介

鹿野晴夫 (かの・はるお)

英語トレーニングのICC マネージング・ディレクター。
中高では、英語が大の苦手。二次試験に英語のない学科を選び、進学したのは工学部。しかし、必修の英語を4年続けて落とす。
就職後、初の海外出張で、英語の必要性を痛感するものの、初受験のTOEIC®テストは、335点。会社の講演で、千田潤一先生の「英語トレーニング」という言葉に開眼。1年の自己学習で、610点に。3年半続けてみたら、850点に。この経験をまとめた本の執筆依頼に運命を感じ、英語トレーニングのICCに転職、トレーニング法指導のプロに。苦手意識を明るく笑い飛ばしつつ、ロジカルに既成概念を打ち破る「やり直し英語学習」のセミナーは、「始められる・続けられる」と、多くの社会人の共感と支持を得ている。
英語関連の著書は、本書で50冊目(共著含む)。ロングセラーとして、読み継がれている本が多数ある。

●英語トレーニングのICC
http://icconsul.com/

社会人のためのやり直し英語バイブル
中学英語＋3つのコツでTOEIC®テスト650点 【CD付き】 〈検印省略〉

2012年 3月30日 第1刷発行

著 者——鹿野 晴夫 (かの・はるお)
発行者——佐藤 和夫
発行所——株式会社あさ出版

〒171-0022 東京都豊島区南池袋2-9-9 第一池袋ホワイトビル6F
電 話 03(3983)3225 (販売)
　　　　03(3983)3227 (編集)
F A X 03(3983)3226
U R L http://www.asa21.com/
E-mail info@asa21.com
振 替 00160-1-720619

印刷・製本 神谷印刷(株)
　　　　　　乱丁本・落丁本はお取替え致します。

facebook　http://www.facebook.com/asapublishing
twitter　　http://twitter.com/asapublishing

©Haruo Kano 2012 Printed in Japan
ISBN978-4-86063-518-3 C0082